JUBILÄUMS-KARTE ZUR JAHRHUNDERTWENDE

1900

OSCAR CONSEE, KUNSTANSTALT MÜNCHEN

EIN LEBEN FÜR DIE LUFTFAHRT

Hermann Wilhelm Ludwig Moedebeck (1857–1910)

Götz Ulrich Penzel
Verkehrsmuseum Dresden

Sandstein Verlag

HERZLICHE
WÜNSCHE

INHALT

EINLEITUNG

Museen mit ihren Sammlungen sind neben Archiven und Bibliotheken Gedächtnisorte der Menschheit. Hier wird kulturelles Erbe bewahrt und erforscht. Doch nur ein Bruchteil der Objekte, die sich in den Museumssammlungen befinden, kann ausgestellt werden. Der weitaus größte Teil ist hingegen meist eingelagert und befindet sich, unzugänglich für die Öffentlichkeit, in den Depots der Museen. In den letzten Jahren rückten die Sammlungsbestände jedoch zunehmend in die Aufmerksamkeit kulturpolitischer Akteure, wodurch die Museen nun vermehrt dazu übergehen, diese Bestände der interessierten Öffentlichkeit in unterschiedlichen Formen zu präsentieren. Oft geschieht dies in digitaler Form oder, wie im vorliegenden Fall, als Buch.

Weitgehend unbekannt ist, dass auch das Verkehrsmuseum Dresden neben vielen Exponaten, wie interessanten Großobjekten und Modellen, einen beträchtlichen Bestand an Archivalien besitzt. Diese sogenannte Verkehrsgeschichtliche Dokumentation umfasst unzählige technische Zeichnungen, Postkarten, Fotografien, Urkunden, oder auch schriftliche Nachlässe. Einer dieser schriftlichen Nachlässe stammt von dem Luftfahrtpionier Hermann Wilhelm Ludwig Moedebeck und gibt einen umfangreichen Einblick in die Frühzeit der Fliegerei in Deutschland um die Jahrhundertwende.

Porträt Hermann Wilhelm Ludwig Moedebeck, undatierte Aufnahme. Eine der wenigen Fotografien von Moedebeck in ziviler Kleidung.

Moedebeck war ein begeisterter Befürworter und Förderer der Luftfahrt und einer ihrer wichtigsten Wegbereiter. Sein Interesse galt dem gesamten Spektrum der Fliegerei. Ob Ballon- und Luftschifffahrt oder Flugapparate, fast allem widmete er seine Aufmerksamkeit. Doch obwohl er in seinem Leben der Luftfahrt wichtige Impulse gab, ist er bis heute nur wenigen Fachleuten bekannt.

Das Verkehrsmuseum Dresden nimmt daher den 110. Todestag zum Anlass, um das facettenreiche Leben Moedebecks nachzuzeichnen und seine Lebensleistung zu würdigen.

Der Autor beschäftigt sich schon seit Längerem intensiv mit dem Nachlass Moedebecks. Je tiefer er in die Materie eintauchte, desto faszinierter war er von dem Menschen, der Berufssoldat, Luftschiffer, Lobbyist, Publizist und Netzwerker in einer Person war.

Das vorliegende Buch dokumentiert anhand von Briefen, Fotografien und zeitgenössischen Dokumenten aus dem Bestand des Verkehrsmuseums Dresden erstmals das Leben dieser wichtigen Persönlichkeit der Luftfahrt. Gleichzeitig gewährt es dabei Einblick in die Zeit der Belle Époque, eine Zeit, die von Umbrüchen, technischem Fortschritt, Erfindungsgeist, Globalität und dynamischer kultureller Entwicklung geprägt war.

In fünf Kapiteln wird das Leben Moedebecks nachgezeichnet. Acht Unterkapitel zu ausgewählten Themen lassen tief in die Frühzeit der Fliegerei eintauchen, die so viele Menschen faszinierte. Anhand von unzähligen bislang unerschlossenen oder zumeist nicht im Zusammenhang ausgewerteten Quellen und historischen Abbildungen entsteht ein facettenreiches Bild der Karriere dieses renommierten, jedoch allzulange unerforschten deutschen Luftfahrtpioniers. Trotz intensiver Recherche bleiben einige letzte biographische Lücken bestehen. Es bleibt zu hoffen, dass diese in Zukunft geschlossen werden können.

»Wir haben viel an ihm verloren. Einen Mann, der mit ganzer Begeisterung, unbekümmert um seine Person, sich selbst mit voller Wucht für seine Ideen einsetzte. Einen Mann, der Ideen hatte, die nicht nur für den Tagesbedarf da waren, sondern die weit der Zeit vorauseilend den Weg ebnen sollten für eine spätere, hochentwickelte Luftschifffahrt.« So heißt es in einem der zahlreichen Nachrufe auf Hermann Wilhelm Ludwig Moedebeck, der am 1. März 1910 im Alter von 52 Jahren verstarb.

AUFWACHSEN & ERSTE KONTAKTE MIT DER LUFT-SCHIFFFAHRT

Hermann Wilhelm Ludwig Moedebeck, Rufname Hermann, wurde am 10. Juni 1857 in Berlin geboren. Er entstammt einer uralten, westfälischen Familie. Bereits 1770 soll Moedebecks Urgroßvater den Sitz der Familie nach Berlin verlegt haben. Diese lange familiäre Berlin-Verwurzelung war sicher ein Grund, dass Moedebeck mit ganzem Herzen an seiner Vaterstadt hing.

Über seine Kindheit und Jugend sind kaum Informationen vorhanden. Nach seiner eigenen Einschätzung erzogen ihn seine Eltern, Friedrich Wilhelm Albert und Anna Alvine Pauline Moedebeck, geborene Schleiffahrt, nach »weitblickenden Prinzipien«. Sein Vater war Landwirt und später Privatier. In einem Brief an seinen Schwager Karl Charles Egar Schleiffahrt, der in die USA ausgewandert war, schrieb Albert über die Geburt seines Sohnes Hermann: »Mit freudigem Thränen im Auge mache ich Dir die Anzeige, daß mich meine

Bescheinigung einer Pockenschutzimpfung des dreieinhalbjährigen Moedebeck vom 20. Dezember 1860 mit Angabe eines falschen Geburtsdatums.

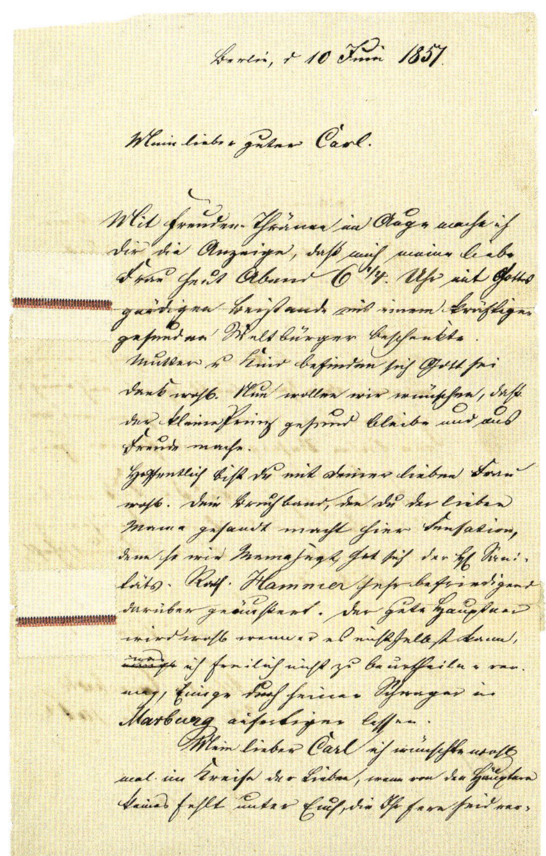

Berlin, d 10 Juni 1857

Mein liebe guter Carl.

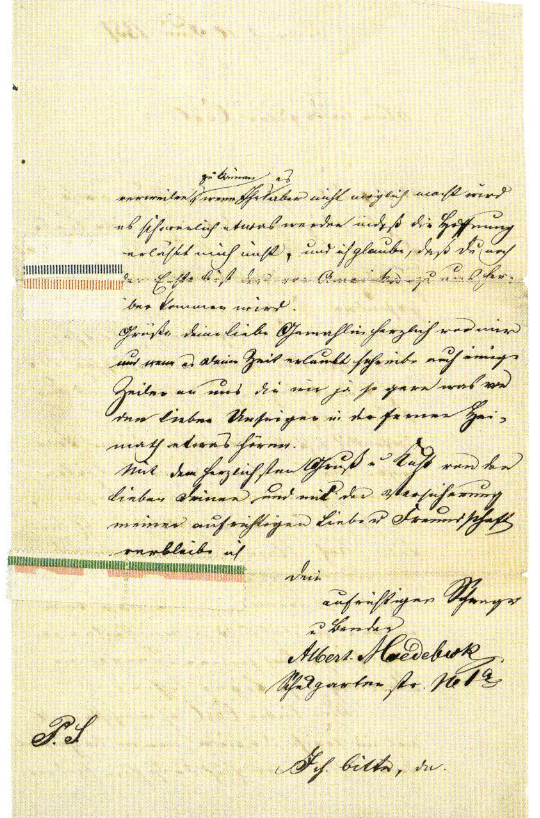

Albert Moedebeck

P.S.

Brief von Friedrich Wilhelm Albert Moedebeck an seinen Schwager, in dem er die Geburt Hermanns bekannt gibt.

Confirmations-Schein

Hermann Moedebeck,

geboren am 10. Juni 1857 zu Berlin

ist nach vorausgegangenem Unterricht in der christlichen Lehre und nach abgelegtem Bekenntnisse des evangelischen Glaubens auf das Gelübde, diesem Glauben die Treue zu halten, am 21. März 1873 in der evangelischen St. Matthäus-Kirche zu Berlin eingesegnet worden und hat darauf das heilige Abendmahl empfangen.

Off. St. Joh. 2, 10.: Sei getreu bis an den Tod, so will Ich dir die Krone des Lebens geben.

Berlin, den 21. März 1873.

Der Pastor zu St. Matthäus.

Im Jugendstil gestalteter Konfirmationsschein von Hermann Moedebeck.

liebe Frau heut Abend 6¼ Uhr mit Gottes gnädigen Beistande mit einem kräftigen gesunden Weltbürger beschenkte. Mutter und Kind befinden sich Gott sei Dank wohl. Nun wollen wir wünschen, daß der kleine Prinz gesund bleibe und uns Freude mache.« Moedebeck hatte vier Geschwister: den älteren Bruder Friedrich Wilhlem, der am 25. August 1856 geboren wurde, Schwester Marie, die am 9. September 1858 zur Welt kam, Bruder Friedrich Wilhelm Albert Rudolf, der am 23. Februar 1860 geboren wurde, allerdings im Säuglingsalter verstarb, und Schwester Johanne Jenny Wilhelmine Emma, die am 26. Februar 1864 geboren wurde. Weiter ist über die Geschwister nichts bekannt.

Ob und wo Hermann zur Vorschule ging oder ob er vielleicht Privatunterricht erhielt, ist ebenso unbekannt. Auf jeden Fall besuchte er ab dem 9. Lebensjahr das humanistische Königliche Friedrich-Wilhelms-Gymnasium in Berlin. Die Schulgebäude befanden sich in

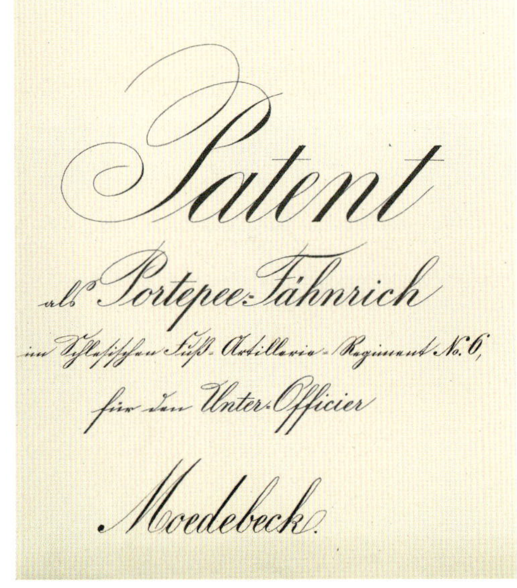

Patent

als Portepee-Fähnrich

im Schlesischen Fuß-Artillerie-Regiment No. 6,

für den Unter-Officier

Moedebeck.

Moedebecks erste Beförderung zum Portepee-Fähnrich, datiert vom 14. Mai 1878.

der Berliner Friedrichstadt. Auch der damalige Reichskanzler Otto Fürst von Bismarck hatte einst dieses Gymnasium besucht.

Am 21. März 1873 wurde Moedebeck in der St. Matthäus-Kirche zu Berlin konfirmiert. Sein Konfirmationsspruch lautete: »Sei getreu bis an den Tod, so will Ich dir die Krone des Lebens geben« und stammt aus der Offenbarung des Johannes 2,10.

Laut eigener Aussage interessierten ihn die lebendigen Sprachen am meisten. Offenbar fehlte ihm die richtige Lust und Motivation, das Gymnasium zu Ende zu bringen. Ostern 1876 erhielt er ein Abgangszeugnis vom Gymnasium. Statt seine schulische Laufbahn fortzusetzen, zog er es vor, Soldat zu werden. Es gibt keine Hinweise darauf, warum Moedebeck sich nach seiner abgebrochenen Schulzeit für eine Karriere als Berufssoldat entschied. Seine Eltern stimmten dem Wunsch zu, und so besuchte er als Vorbereitung ab 1. April 1876 eine private Militärbildungsanstalt, die von dem Pädagogen Dr. Wilhelm Reetzke geleitet wurde. Das Institut besuchte er etwas mehr als ein Jahr. Seine Reifeprüfung absolvierte er an der Königlichen Realschule in Berlin, wo er am 31. August 1877 sein Reifezeugnis erhielt.

Als Zwanzigjähriger trat er Anfang Oktober 1877 seine Offizierslaufbahn als Avantageur beim Schlesischen Fußartillerie-Regiment Nr. 6 in Neisse in Schlesien an.

Moedebeck als junger Offiziersanwärter, undatierte Aufnahme.

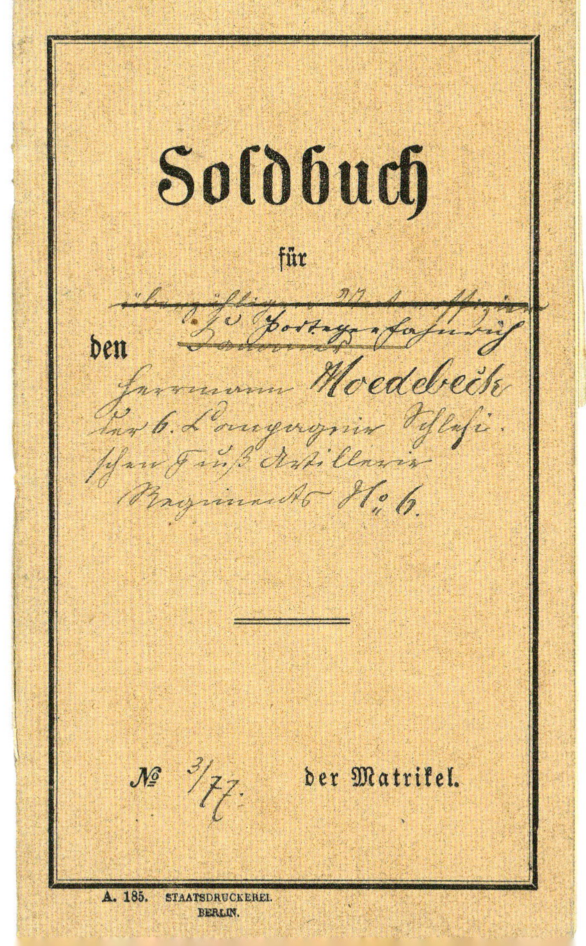

Soldbuch

für

den Portepeefähnrich

Hermann Moedebeck

der 6. Compagnie Schlesischen Fuß Artillerie Regiments No. 6.

№ 3/77. der Matrikel.

A. 185. Staatsdruckerei Berlin.

Moedebecks erstes Soldbuch, ausgestellt am 15. Oktober 1877. Laut Eintragungen war Moedebeck schlank und 1,76 cm groß. Als Offiziersanwärter verdiente er pro Monat 12 Mark.

Vom 1. März bis zum 4. Dezember 1878 besuchte Moedebeck die Königliche Kriegsschule zu Potsdam. In seinem Zeugnis werden seine Fähigkeiten als »im ganzen gut« bezeichnet. Die Prüfung legte er mit »gut« ab, sein Fleiß wurde mit »befriedigend« und seine Führung mit »sehr gut« bewertet. Der Schuldirektor sah bei Moedebeck die Aussicht, »bei seinen guten militärischen Anlagen ein recht brauchbarer Offizier zu werden«.

Die Artillerie war die am meisten technisierte Waffengattung. Um die Geschütze und ihre Ballistik zu beherrschen, benötigten die Soldaten umfangreiche technische und mathematische Kenntnisse. 1874 wurde die Waffengattung endgültig in Feld- und Fußartillerie aufgeteilt. Aus der bisherigen Festungs- wurde die Fußartillerie. Ihre Aufgaben bestanden darin, eigene Festungen gegen Angreifer zu verteidigen sowie gegnerische Sperrforts zu bekämpfen. In der Folge wurde die Fußartillerie allerdings mit ihren großkalibrigen Geschützen beweglich gemacht.

Laut seinem Soldbuch wurde er am 9. Februar 1878 zum Portepee-Fähnrich ernannt. Ein Portepee-Fähnrich war Anwärter zum Berufsoffizier. Vor der Beförderung zum Portepee-Fähnrich trug der Avantageur die Mannschaftsuniform. Erst nach bestandener Prüfung und mindestens sechs Dienstmonaten erfolgte die Beförderung zum Portepee-Fähnrich. Nun durfte er die Unteroffiziersuniform tragen.

Das preußische Offizierskorps setzte sich überwiegend aus Angehörigen des Adels zusammen. Erst die Heeresvergrößerungen nach den Einigungskriegen ermöglichten es, den Offiziersnachwuchs zunehmend aus nichtadeligen Bevölkerungsschichten, bevorzugt aus dem Besitz- und Bildungsbürgertum, zu gewinnen.

Am 11. Februar 1879 wird Moedebeck dann zum Seconde-Lieutenant, dem niedrigsten Offiziersdienstgrad, befördert. Die Bezeichnungen der Offiziersdienstgrade wurden 1899 verdeutscht (Fahnenjunker, Fähnrich, Leutnant etc.). Zwei Jahre später wird er an die Artillerieschule in Charlottenburg abkommandiert, von wo aus er 1882 wieder zurückkehrt in seine Garnison in Schlesien. Dort forderte der Regimentskommandeur Oberst Ernst Kirsch die Offiziere auf, Vorschläge und Einfälle für Verbesserungen zu melden. Solcherlei Aufgaben trafen offenbar einen Nerv bei Moedebeck. Bei einer Schießübung gegen verdeckte Ziele schlug er vor, zur Oberservation Luftballone zu verwenden. Die Beschäftigung Moedebecks mit der Thematik Luftschifffahrt hat hier ihren Beginn. Als sein Vorschlag im Regiment die Runde gemacht hatte, neckten ihn die älteren Seconde-Lieutenants deswegen.

Ein Buchhändler aber empfahl ihm das gerade erschienene »Handbuch des Luft-Sports« von Franz Tauber. Darin wiederum fand Moedebeck den Hinweis auf den Deutschen Verein zur Förderung der Luftschiffahrt in Berlin. Die Lektüre der Vereinssatzung sowie die Anmerkungen des Autors befeuerten sein Interesse. Er wollte dem Verein beitreten, um sich das technische Wissen des Ballonfahrens anzueignen.

»Handbuch des Luft-Sports« von Franz Tauber mit Bibliotheksstempel und der Anmerkung von Moedebeck, dass dies sein erstes Buch über die Luftfahrt war.

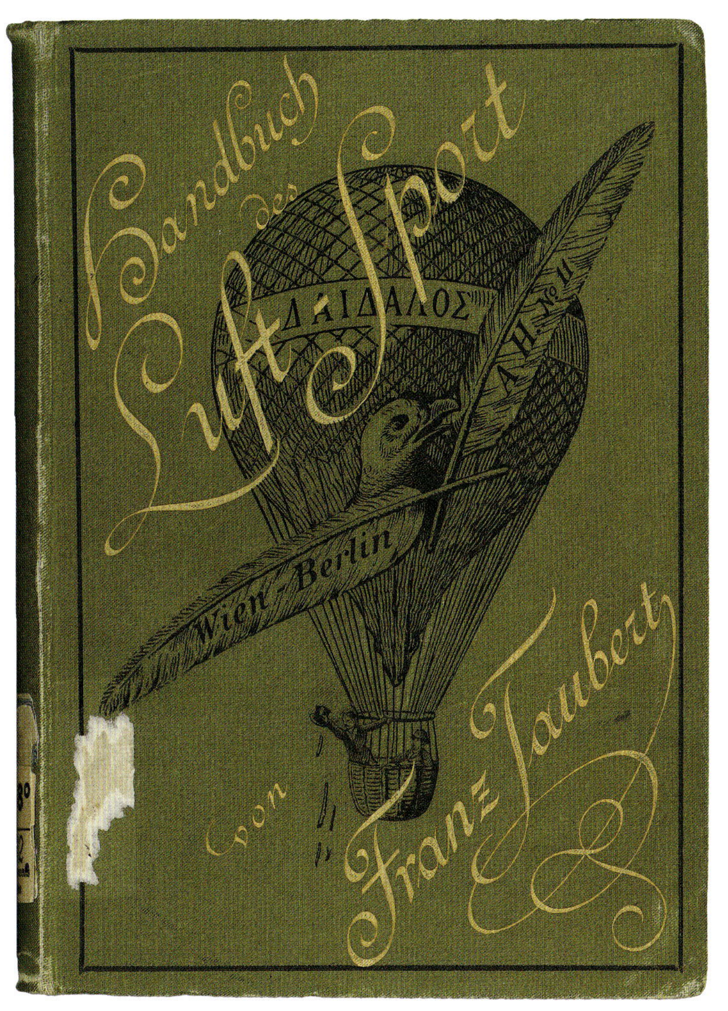

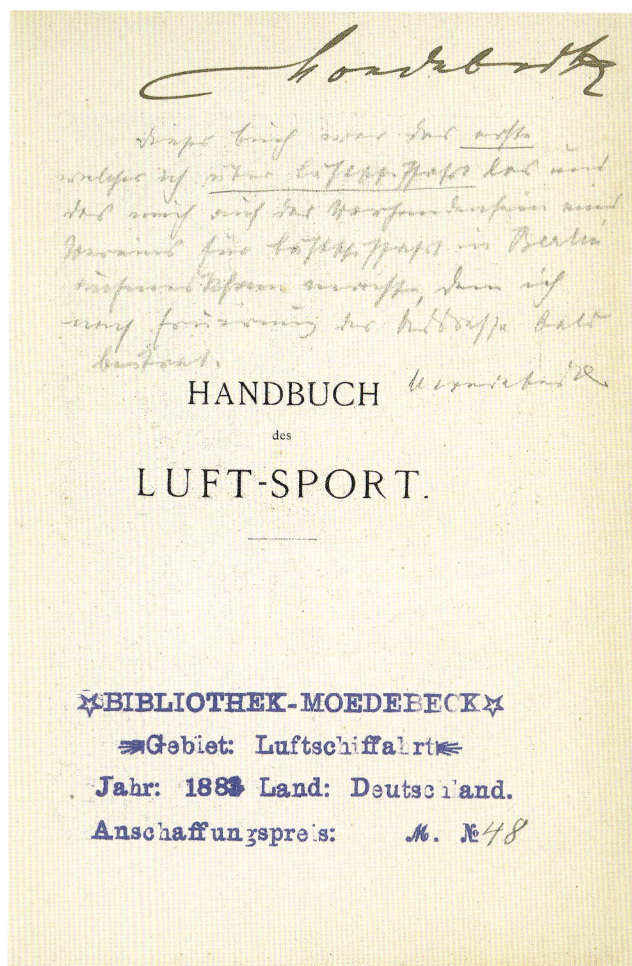

HANDBUCH

des

LUFT-SPORT.

KARRIERESTART, LUFTSCHIFFFAHRT UND DIE LIEBE

Der 1400 Kubikmeter große Ballon »Barbara« der Luftschiffer-Abteilung, mit dem Moedebeck auf dem Gut der von Mandels landete. Dieses Foto entstand 1885. Am Korb stehen Premier-Lieutenant von Tschudi, Seconde-Lieutenant Moedebeck und Seconde-Lieutenant vom Hagen (v. l. n. r.).

Nach Moedebecks Vorschlag, Ballone zur Zielerkennung einzusetzen, machte er viele weitere Verbesserungsvorschläge, die ihm Anerkennung einbrachten. Im Oktober 1883 wurde er zu den technischen Instituten des Militärs bzw. der Artillerie nach Spandau abkommandiert, was Moedebeck als Würdigung seiner kreativen Anregungen empfand. In Spandau konnte er ein Dreivierteljahr lang seinen Wissenshorizont erweitern.

JST MITGLIED DES DEUTSCHEN
VEREINS FÜR LUFTSCHIFF-
FAHRT.

BERLIN, 1. 7. 1902

DER VORSITZENDE
DES FAHRTENAUSSCHUSSES.

DIE RICHTIGKEIT DER UNTER-
SCHRIFT WIRD BEGLAUBIGT,

KÖNIGL. PREUSS. LUFTSCHIFFER-BATAILLON

HAT AM 16. 7. 1886
DIE QUALIFIKATION ZUM BALLON-
FÜHRER ERHALTEN.

DER VORSITZENDE
DES FAHRTENAUSSCHUSSES.

Auch seinem Plan, dem Deutschen Verein zur Förderung der Luftschiffahrt beizutreten, konnte er nun vor Ort in Berlin nachgehen. Er schrieb an den Vereinsvorstand, dass er gerne beitreten würde, sofern ihm die Mitglieder und Absichten des Vereins zusagen würden. Der Schriftführer lud ihn zur nächsten Vereinssitzung am 24. November 1883 ein. Moedebeck war seiner »militärischen Gewohnheit gemäss« bereits vor Sitzungsbeginn in dem fast noch leeren Hotelsaal. Er war erfreut, unter den Mitgliedern weitere Offiziere anzutreffen. Zu Beginn wurde er der Sitzung als neues Mitglied vorgeschlagen und am Schluss der Sitzung sofort aufgenommen. Damit war, wie Moedebeck in seinen Erinnerungen »Aus meinem Luftschifferleben« hochgestimmt schreibt: »der erste Schritt getan!«

Seine Vorgesetzten wurden auf sein Interesse für die Luftschifffahrt aufmerksam und versetzten ihn nach Berlin, wo eine neue Einheit aufgebaut werden sollte. Mit seiner zum 1. Juni 1884 erfolgten Abkommandierung zu diesem neu gegründeten Ballon-Detachement nahm seine militärische Laufbahn eine ungeahnte Wendung. Detachements waren für besondere Aufgaben vorgesehene Truppenabteilungen. Moedebeck erlernte hier in der Luftschiffer-Abteilung, trotz schwierigster Gegebenheiten (vgl. Ka-

◀ Bestätigung der Qualifikation Moedebecks als Ballonführer.

▼ Selbstgemalte Postkarte von Ella und Hermann Moedebeck mit Neujahrsgrüßen für 1890 an Familie von Mandel.

pitel: Die Luftschiffer-Abteilung), das Ballon-Fahren. 1886 erhielt er die Qualifikation zum Ballonführer. Neben diversen weiteren Fertigkeiten vertiefte Moedebeck auch seine Fremdsprachenkenntnisse.

Moedebeck befasste sich so intensiv mit der neuen Materie, dass sein Kommandant Franz Buchholtz ihn bereits in seinem ersten Jahr im Ballon-Detachement aufforderte, ein Handbuch der Luftschifffahrt zu schreiben. Dieses erschien 1886 unter dem Titel »Handbuch der Luftschiffahrt mit besonderer Berücksichtigung ihrer militärischen Verwendung« beim Erwin Schloemp Verlag in Leipzig. Auch wenn das Buch mangels praktischer Erfahrungen nicht allumfänglich fachlich Auskunft geben konnte, Moedebeck hatte bis zu dem Zeitpunkt erst etwa zehn eigene Ballonfahrten absolviert, war es das erste deutschsprachige Handbuch über die noch junge Disziplin der Luftschifffahrt überhaupt. Zu Buchholtz unterhielt Moedebeck im Übrigen eine lebenslange kameradschaftlich-freundschaftliche Beziehung.

Doch nicht nur die Luftschifffahrt bewegte den Junggesellen Moedebeck besonders, sondern bald auch eine junge Frau, die er auf kuriose Weise kennenlernte. Am 16. Juli 1886 stieg er morgens um 4.10 Uhr mit einem Mitfahrer in Berlin mit dem Ballon »Barbara« der Luftschiffer-Abteilung zu einer Fahrt auf. Die in Mitteleuropa oft vorherrschende westliche Windströmung trieb Moedebeck mit dem Ballon Richtung Osten. In der Nähe von Klein Dammer (heute Dąbrówka Mała, Polen) auf einem Feld des Ritterguts der Familie von Mandel musste er nach einer Fahrtzeit von fünf Stunden und

Glückwunschkarte zu Moedebecks 29. Geburtstag von ehemaligen Kameraden des Schlesischen Fußartillerie-Regiments Nr. 6 aus Glogau (Niederschlesien).

35 Minuten landen. Zu jener Zeit sorgten Ballone und andere Luftfahrzeuge immer für Erstaunen und Begeisterung. Sie waren eine Attraktion, besonders in den ländlich geprägten Gegenden. So wird es auch an diesem Tag gewesen sein. Auf jeden Fall wurde Moedebeck, nachdem er seinen Ballon gesichert hatte, vom Hauptmann a. D. und Rittergutbesitzer Max von Mandel zum Mittagessen eingeladen, dem auch die übrige Familie beiwohnte. Neben ihrer Mutter und ihren Geschwistern lauschte auch die älteste Tochter Ella Clara Henriette Antonie den Berichten des jungen Offiziers. Ella von Mandel und Hermann Moedebeck waren sich äußerst sympathisch und fanden sofort Gefallen aneinander. Es wird kolportiert, dass Moedebeck in den folgenden Jahren noch mehrmals mit dem Ballon in Klein Dammer gelandet sei. Moedebeck war vielleicht der einzige Liebende, der seiner Braut auch im Wortsinn schreiben konnte: »Ich fliege in deine Arme!« Und Ella sah in Moedebeck von Anfang an buchstäblich »ein Geschenk des Himmels«.

Im selben Jahr, am 13. November 1886, wird Moedebeck zum Premier-Lieutenant ernannt. Auch wird er bald für einige Wochen zur Artillerie-Schieß-Versuchskommission bei Jüterbog versetzt, um durch Beschuss zerstörte Objekte zu fotografieren. Diese Erfahrung war für ihn lehrreich, um den zerstörerischen Effekt der Granaten einerseits, und den Wert der deutschen Befestigungsanlagen andererseits einschätzen zu können.

Der Teller stammt aus Frankreich (um 1880) und nimmt Bezug auf den Deutsch-Französischen Krieg 1870/71. Die Karikatur wurde von dem belgischen Karikaturisten Draner alias Jules Renard gezeichnet. Moedebeck wurde ein »feiner Humor« nachgesagt, wofür u. a. viele humoristische Zeichnungen, Postkartenmotive und auch dieser Teller sprechen, die er besaß.

Im Winter 1887 studierte er dann ein Semester Meteorologie bei Professor Wilhelm von Bezold an der Friedrich-Wilhelms-Universität in Berlin.

Im selben Jahr erschien von ihm erneut eine Publikation, eine Broschüre unter dem Titel »Die Luftschiffahrt in ihrer neuesten Entwicklung« im Berliner Verlag E. S. Mittler & Sohn. Grundlage dieser Veröffentlichung war Moedebecks Vortrag zugunsten der Königin-Luise-Stiftung in Berlin. Die 1811 gegründete Stiftung ist eine der ältesten privaten Bildungseinrichtungen im deutschen Raum und beruhte auf bürgerlichem Engagement. Die Kernidee der Stiftung lag in der Förderung von jungen Frauen und Mädchen aus mittellosen Familien, um sie mit einer soliden Bildungsbasis zu versehen. Ein Teil vom Verkaufserlös der Broschüre ging an die Stiftung. Ein Rezensent urteilte über den Inhalt der Broschüre: »Diese kleine Schrift giebt ein recht instruktives Bild von dem gegenwärtigen Stande der Luftschiffahrt [...] Er behandelt in unbefangen urtheilender Weise die Bestrebungen zur Herstellung lenkbarer Luftschiffe, berichtigt dabei manche stark verbreiteten Irrthümer und lässt was besonders hervorgehoben werden muss – den deutschen, viel zu wenig beachteten Erfinder Paul Haenlein zur verdienten Ehre kommen, die beigegebenen Zeichnungen stellen in ihrer Mehrheit Dinge dar, welche in Fachkreisen bekannt sind, indessen dürften einzelne derselben auch hier neue Erscheinungen sein.«

DER BERLINER VEREIN FÜR LUFTSCHIFFAHRT

1. Tagung

der Fédération Aéronautique Internationale

und

25 jähriges Stiftungsfest

des Berliner Vereins für Luftschiffahrt

vom 10. bis 15. Oktober 1906.

Festkarte

für

Diese Karte dient als Legitimation bei allen Veranstaltungen und ist vorzuzeigen.

Festkarte anlässlich des 25-jährigen Stiftungsfestes des Berliner Vereins für Luftschiffahrt sowie der 1. Tagung der Fédération Aéronautique Internationale. In diesem Rahmen fand auch die erste internationale Ballonwettfahrt in Deutschland statt.

Am 8. September 1881 wurde der Deutsche Verein zur Förderung der Luftschiffahrt mit 17 Mitgliedern in Berlin gegründet. Damit begann in Deutschland eine neue Ära der Luftfahrt. In dem Verein kamen Vertreter aus Wissenschaft, Militär und Sportbegeisterte zusammen, die der Luftfahrt eine zukünftig weitreichende Bedeutung beimaßen und diese Entwicklung fördern sowie öffentlich bekannt machen wollten. Anfangs, bis zur Gründung des Ballon-Detachements 1884, galt diese Aufgabe sowohl zivilen als auch militärischen Zwecken. Die anfänglich größte Schwierigkeit des Vereins bestand in seiner Geldnot. Aus diesem Grund musste sich der Verein zunächst damit begnügen, eine technische Kommission zu gründen, die unzählige eingesandte Pläne von Luftfahrzeugen prüfte. Dieser Kommission gehörte auch Moedebeck zeitweise an. Wurde eine Idee für gut befunden, oblag es dem Erfinder, sich das Geld für den Bau selbst zu beschaffen. Dies gelang jedoch meist nicht, sodass es weitgehend bei Plänen und Entwürfen blieb. Der Verein konnte keine finanzielle Unterstützung leisten. Für die ersten Ballonaufstiege musste der Verein auf die Hilfe des Berufsluftschiffers Richard Opitz und dessen Material zurückgreifen. Ab

Einladung

zum

Herren-Fest

des

Deutschen Vereins
zur Förderung
der Luftschifffahrt

am

Sonnabend, den 11. März 1899
Abends 7 Uhr

im

Künstler-Hause
Bellevue-Straße 3.

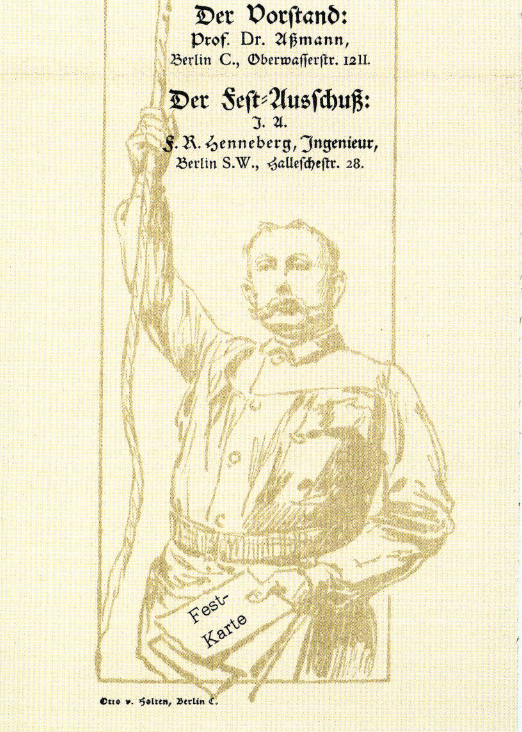

Der Vorstand:
Prof. Dr. Aßmann,
Berlin C., Oberwasserstr. 12II.

Der Fest-Ausschuß:
I. A.
F. R. Henneberg, Ingenieur,
Berlin S.W., Halleschestr. 28.

Fest-Karte

Otto v. Holten, Berlin C.

Einladung zum Herren-Fest des Berliner Vereins zur Förderung der Luftschifffahrt am 11. März 1899.

1882 gab der Verein eine eigene Zeitschrift heraus, um Interessenten und neue Mitglieder zu werben. In dieser Zeit gelang es, vermehrt Wissenschaftler für die Luftfahrt zu interessieren. Moedebeck erhielt in seiner Eigenschaft als Schriftführer den Auftrag, zu dem neugegründeten Meteorologischen Institut in Berlin Kontakt aufzunehmen, im Zusammenhang mit dem neuen Vereinsziel, die Atmosphäre mit Ballonen zu erforschen. Dabei ging es unter anderem um Forschungsfelder wie Meteorologie, Auswirkungen großer Höhen auf den Menschen, Geodäsie und Astronomie. Ihm gelang es tatsächlich, namhafte Meteorologen wie z. B. Geheimrat Prof. Dr. Richard Aßmann Anfang 1887 zum Beitritt in den Verein zu bewegen. Aßmann war ab 1905 Direktor des Königlich-Preußischen Aeronautischen Observatoriums in Lindenberg. Er wurde treibende Kraft für die systematische aerologische Forschung neben Professor Dr. Arthur Berson

Berliner Verein für Luftschiffahrt

1881 – 1906.

Tischdekoration vom Festessen des Berliner Vereins für Luftschiffahrt in den Sälen des Zoologischen Gartens zum offiziellen Beginn des Gordon-Bennett-Rennens.

und Professor Dr. Reinhard Süring, Direktor des Meteorologischen Observatoriums Potsdam. Zu allen dreien unterhielt Moedebeck engen, zum Teil freundschaftlichen Kontakt. In die Luftfahrtgeschichte eingegangen sind die vom Verein organisierten 75 Berliner Ballonforschungsfahrten in den Jahren 1888 bis 1899. Die erste meteorologisch wissenschaftliche Fahrt fand am 23. Juni 1888 statt. Ein Jahr später, am 19. Juni 1889, wurde dann der erste Simultanaufstieg durchgeführt, um möglichst ein Gesamtbild der Atmosphäre zu erhalten. Dafür stiegen an drei verschiedenen Orten in Deutschland, in Hamburg, Berlin und München, und in der Schweiz je ein Ballon auf. Dabei stand der teilnehmende Ballon »Nautilus« der Luftschiffer-Abteilung in Berlin unter Moedebecks Führung. Insgesamt wurden neun Fahrten mit Ballonen der Luftschiffer-Abteilung durchgeführt. Neben Freiballonen kamen auch Fesselballone sowie freidriftende Registrierballone zum Einsatz. Die Höhenfahrt des Ballons »Preußen« mit den beiden Piloten Berson und Süring am 31. Juli 1901 knackte nicht nur erstmals die Rekordmarke von 10 000 Metern, sondern bestätigte generell die damalige Leistungsfähigkeit der deutschen Ballonfahrt.

Der erste Vorsitzende des Vereins war Dr. Wilhelm Angerstein. Ihm folgte 1886 Professor Dr. Karl Müllenhoff, dessen besonderes Interesse der Flugtechnik galt. In dieser flugtechnischen Periode wurden die Brüder und Gleitflugpioniere Otto und Gustav Lilienthal Vereinsmitglieder. Moedebeck nahm als Schriftführer Kontakt zu dem in Wien

◀ Menükarte anlässlich des 25-jährigen Jubiläums des Berliner Vereins für Luftschiffahrt, 1906.

Berliner Verein für Luftschiffahrt.

Eingetragener Verein.

Geschäftsstelle: **Berlin W. 9, Vossstrasse 21.**

Geschäftszeit: **Wochentags von 9—4 Uhr.** Bücher-Ausgabe: **Mittwochs u. Sonnabends von 2—4 Uhr.**
Giro-Conto: **Deutsche Bank, W. 9, Königgrätzer Strasse 6.** — Telegramm-Adresse: **Luftschiff, Berlin.**
Fernsprecher: Geschäftsstelle: Amt I, 1481. — Schriftführer: Amt VI, 14761. — Ballonhalle: Wilmersdorf, 2260.
Fahrten-Ausschuss: Amt VI, 8301.

Einladung zur 290. Vereinsversammlung

am **Montag, den 11. Oktober 1909, abends 7½ Uhr,**

im grossen Saale des **Künstlerhauses, Bellevuestrasse 3.**

TAGESORDNUNG:

1. Bericht des Herrn Geheimrat Professor Busley über den 7. Ordentlichen Deutschen Luftschiffertag zu Frankfurt a. M. am 18. und 19. September 1909.
2. Bericht des Herrn Oberstleutnant z. D. Moedebeck über die 5. Ordentliche Konferenz der Fédération Aéronautique Internationale zu Zürich am 30. September und 1. Oktober 1909.
3. Bericht des Herrn Dr. Elias über die von der Deutschen Flugplatzgesellschaft zu Johannisthal bei Berlin vom 26. September bis zum 3. Oktober 1909 abgehaltene Erste Deutsche Flugwoche. Mit Lichtbildern.
4. Fahrtberichte.
5. Geschäftliches.
6. Aufnahme neuer Mitglieder.

Mitteilungen.

Von der Geschäftsstelle sind zu beziehen: Abzeichen des Deutschen Luftschiffer-Verbandes zum Preise von 4,50 Mark, und die deutsche Ausgabe der Satzungen und Reglements der Fédération Aéronautique Internationale zum Preise von 1,— Mark.

Durch Mitglieder eingeführte **Damen und Herren sind als Gäste willkommen** und werden gebeten, sich **in das beim Vorstande ausliegende Gästebuch** einzutragen
Die nächste Vereinsversammlung findet am 8. November statt.

Der Vorstand.
I. A.:
Busley. Stade.

09 1215

Einladung zur 290. Vereinssitzung des Berliner Vereins für Luftschiffahrt am 11. Oktober 1909. Einer der Tagungspunkte war ein Bericht Moedebecks über die 5. Ordentliche Konferenz der Fédération Aéronautique Internationale.

gegründeten Flugtechnischen Verein auf. Beide Vereine beschlossen, eine gemeinsame Zeitschrift herauszugeben. Müllenhoff folgte 1889 Aßmann als Vereinsvorsitzender. Unter seiner Regie fanden die Ballonforschungsfahrten statt. 1900 ging der Vereinsvorsitz an den Geheimen Regierungsrat Carl Busley über, in dessen Amtszeit der große Aufschwung der sportlichen Freiballonfahrten fiel. Die allgemeine Sportbegeisterung jener Zeit griff auch auf die Ballonfahrt über. Nach 1900 wurden daher viele Ballonvereine gegründet und Wettfahrten ausgetragen. Animiert durch den deutschen Erfolg beim zweiten Gordon-Bennett-Rennen 1907 stieg die Zahl der Vereine und seiner Mitglieder stark an, sodass 1908 der Deutsche Luftschiffer-Verband, als Dachorganisation am 28. Dezember 1902 gegründet, bereits 25 Vereine mit über 10 000 Mitgliedern vermelden konnte. Der Berliner Verein für Luftschiffahrt, wie sich der Deutsche Verein zur Förderung der Luftschiffahrt ab 23. Februar 1903 nannte, gehörte dabei mit zu den größten in Deutschland. Die erste internationale Ballonwettfahrt fand in Deutschland am 14. Oktober 1906 aus Anlass des 25-jährigen Vereinsjubiläums sowie der ersten jährlich stattfindenden Versammlung der Internationalen Aeronautischen Vereinigung statt. Auch auf internationaler Ebene gab es Bestrebungen bei den Luftschifferverbänden, sich zusammenzuschließen. Diesbezüglich wurde bei einer Vorberatung in Brüssel im Frühjahr 1905 über Grundsätze eines internationalen Verbandes gesprochen. An dem Meinungsaus-

Kaiser Wilhelm II. (Bildmitte) bespricht auf dem Übungsplatz der Luftschiffer-Abteilung in Berlin die Förderung der wissenschaftlichen Luftschifffahrt, Ende Februar 1893.

tausch nahmen neben Henry Graf de La Vaulx und Graf d'Oultremont auch Moedebeck als abgesandter Vertreter des Deutschen Luftschiffer-Verbandes teil. Nachdem sich die Luftschifferverbände der einzelnen Länder auf gewisse Grundsätze, wie z. B. sportliche Reglements, einigen konnten, lud der Aéro-Club de France im Oktober des Jahres zu einer Konferenz nach Paris. Hieran nahm vonseiten des Deutschen Luftschiffer-Verbandes unter anderem auch wieder Moedebeck teil. Er gehörte damit zu den Gründungsmitgliedern der Internationalen Aeronautischen Vereinigung (Fédération Aéronautique Internationale, kurz FAI), die am 14. Oktober 1905 gegründet wurde. Die FAI ist der internationale Luftsportverband und heute noch aktiv.

Anlässlich des Vereinsjubiläums des Berliner Vereins für Luftschiffahrt verfasste Moedebeck eine Festschrift, die die 25-jährige Vereinsgeschichte mit allen Höhen und Tiefen Revue passieren ließ. Moedebeck schließt seine Festschrift mit einem enthusiastischen »vivat, crescat, floreat!« auf den Verein und seine Zukunft.

DIE LUFTSCHIFFER-ABTEILUNG

Im Deutsch-Französischen Krieg 1870/71 setzten sowohl die französische Armee als auch das preußische Heer Ballone ein. Jedoch mit unterschiedlichem Erfolg. Während die Deutschen ihre zwei Detachements mit je einem Ballon bereits nach dem Einsatz bei der Belagerung von Straßburg 1870 mangels Erfolg wieder auflösten, leisteten die Ballone den Franzosen wertvolle Dienste. Sie initiierten eine Art Luftbrücke und ließen aus dem von deutschen Truppen belagerten Paris bis zu 66 Ballone aufsteigen. Mit ihrer Hilfe gelang es, 164 Personen und circa 10675 Kilogramm Post in das nicht besetzte Hinterland zu befördern. Damit konnten die Franzosen eine nahezu ungestörte Nachrichten- und Personenbeförderung durchführen. Diese Leistung veranlasste verschiedene Staaten in den folgenden Jahren, so auch Preußen, in ihren Armeen Luftschiffer-Abteilungen aufzustellen. Zudem ließ das französische Kriegsministerium keinen Zweifel daran, dass es gewillt war, Luftstreitkräfte mit Ballonen und lenkbaren Luftschiffen aufzubauen. Die Anregung des Kriegsministeriums, erneut Versuche mit Ballonen durchzuführen, fand bei dem Chef des Generalstabs der Armee, Generalfeldmarschall Helmuth Graf von Moltke, volle Zustimmung. Der preußische Kriegsminister General Paul Bronsart von Schellendorff erwirkte bei Kaiser Wilhelm I. dessen Zustimmung. Daraufhin wurde in Preußen durch kriegsministerielle Verfügung vom 9. Mai 1884 in Berlin ein »Ballon-Detachement zur Anstellung von Versuchen mit Captiv-Ballons« aufgestellt, das

Moedebeck (li. stehend) und drei weitere Offiziere mit Hundewelpen im Arm, 1888.

◀ »Los, auf den Photographen!« ist das Foto betitelt, bei dem Moedebeck (re.) und drei weitere Offiziere mit gezücktem Säbel auf den Fotografen losstürmen. Eine nicht ganz ernst gemeinte »Übung«.

▼ Moedebeck (re.) und ein unbekannter Offizier beim Blumenpflücken auf dem Gelände des Tempelhofer Felds. Im Hintergrund ist die Tischler- und Schneiderwerkstatt sowie die Ballonhalle zu sehen, um 1888.

◀ Moedebeck steht rechts im Ballon der Luftschiffer-Abteilung kurz vor dem Aufstieg. Getestet wurde die Verständigung via Telefon. Links neben dem Ballon steht Hauptmann von Tschudi mit einem Hörer in der Hand, um 1888.

◀ Lieutenant Priebsch (vom Infanterie Regiment Nr. 61) kommt von der Ventil-Revision am Netz des Ballons »Haparanda« herab geklettert, 1886.

▶ Das Halten des Ballons durch eine Dampfwinde gab den Soldaten die Möglichkeit, eine Pause einzulegen, um 1888.

Wasserstoffgewinnung für die Ballone der Luftschiffer-Abteilung. Dieser Übung wohnte auch Generalfeldmarschall Helmuth Graf von Moltke bei, undatierte Aufnahme.

seine Arbeit im Juni aufnahm. Im ersten Jahr stand der Versuchsanstalt ein Budget von 50 000 Mark zur Verfügung. Für Arbeits- und Unterkunftsräume wurde der frühere Ostbahnhof in Friedrichshain zur Verfügung gestellt. Da das Gelände für praktische Versuche ungeeignet war, wurden diese ab 1885 auf dem Tempelhofer Feld, damals militärisches Übungsgelände, durchgeführt. Aufgrund der geringen Stärke des von anderen Waffengattungen abkommandierten Personals, insgesamt vier Offiziere, vier Unteroffiziere und 25 Mannschaftsdienstgrade, sowie aufgrund fehlenden Materials hatte das Detachement mit enormen Schwierigkeiten zu kämpfen. So war das Detachement anfänglich auf den zivilen Ballonfahrer Richard Opitz und dessen Ballonmaterial angewiesen. Moedebeck und seine Kameraden mussten also bei Null anfangen. Ihre Aufgabe bestand darin, sich alles Material selbst zu beschaffen und es zu erproben.

Hermann Moedebeck gehörte zu den ersten vier abkommandierten Offizieren. Bei den drei anderen Offizieren der ersten Stunde handelte es sich um den Kommandanten des Detachements Hauptmann Franz Buchholtz, Premier-Lieutenant Georg von Tschudi sowie Seconde-Lieutenant Hugo Freiherr vom Hagen. Zu allen dreien hielt Moedebeck bis zu seinem Tod Kontakt.

Übung mit der Dampfwinde c/88, die den Fesselballon der Luftschiffer-Abteilung hält, um 1888. Später wurden die Dampfwinden wieder durch Handwinden ersetzt, weil diese jederzeit einsatzbereit waren.

Die Luftschiffer-Offiziere (Moedebeck 2. v. re.) während einer Belagerungsübung bei Küstrin, 1889.

Innerhalb der ersten drei Jahre wurden nach und nach elf Ballone angeschafft sowie die technischen Grundlagen für die Gaserzeugung gelegt. Als Traggas wurde meistens Wasserstoff verwendet. Die Namen der ersten beiden Ballone waren »Angra-Pequeña« und »Barbara«. Die Personalstärke wurde immer wieder erhöht. 1886 wurde das Detachement in Königliche Preußische Luftschiffer-Abteilung umbenannt und dem Eisenbahn-Regiment unterstellt. Im Oktober 1887 bezog die Luftschiffer-Abteilung dann eigene Unterkünfte auf dem Tempelhofer Feld.

Die Luftschiffer-Abteilung mit ihrem ersten Ballon »Angra-Pequeña«, 1885. Der Name des Ballons ist die portugiesische Bezeichnung der Lüderitzbucht in Deutsch-Südwestafrika (heute Namibia), das seit 1884 deutsche Kolonie war. Links auf dem Pferd sitzt der Kommandant Major Buchholtz, darunter, stehend, Premier-Lieutenant von Tschudi sowie daneben der Berufsluftschiffer Richard Opitz. Moedebeck steht auf dem Foto ganz rechts.

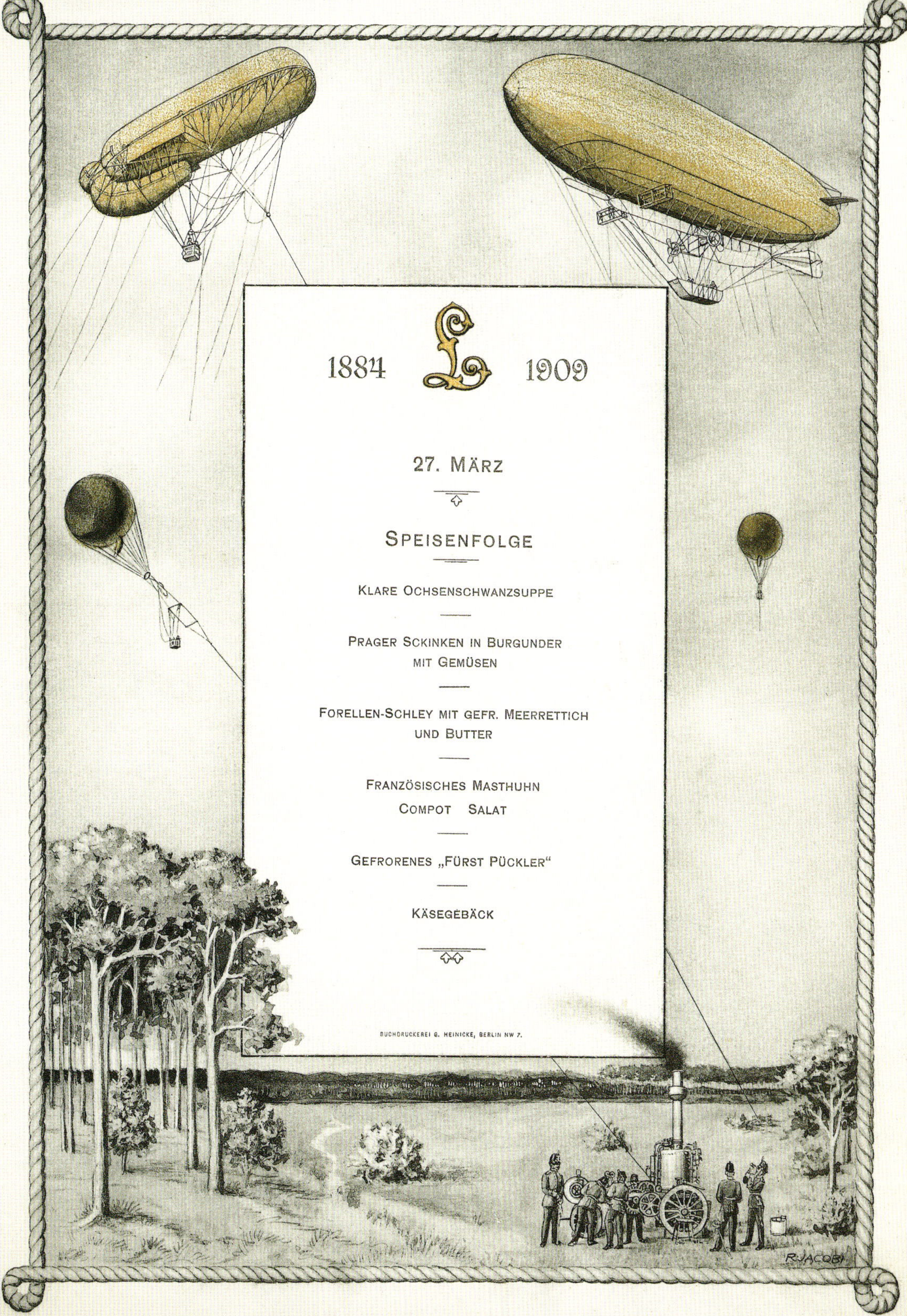

Menükarte anlässlich des 25-jährigen Bestehens der Luftschiffer-Abteilung 1909. Auf der Karte sind Soldaten der Luftschiffer-Abteilung an einer Dampfwinde sowie ein normaler Fesselballon, ein Drachenballon der Bauart Parseval-Sigsfeld, ein Groß-Basenach-Luftschiff sowie ein Freiballon (im Uhrzeigersinn) zu sehen.

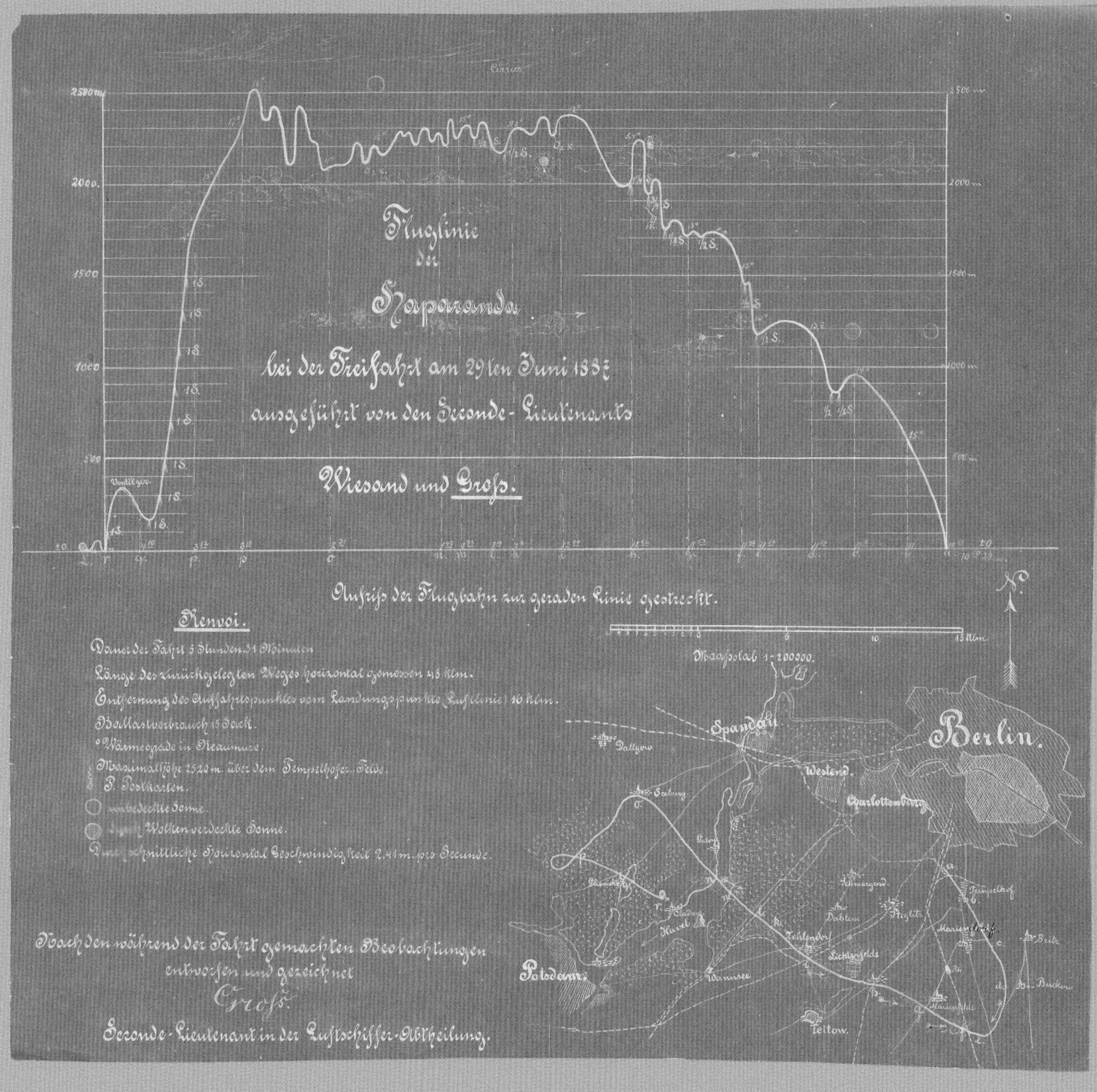

Cirrus
2500 m
2000.
1500
1000
500
0
Ventilzug
Fluglinie
der
Haparanda
bei der Freifahrt am 29ten Juni 1887
ausgeführt von den Seconde-Lieutenants
Wiesand und Gross.
Aufriss der Flugbahn zur geraden Linie gestreckt.
Renvoi.
Dauer der Fahrt 5 Stunden 31 Minuten
Länge des zurückgelegten Weges horizontal gemessen 48 Klm.
Entfernung des Auffahrtspunktes vom Landungspunkte (Luftlinie) 16 Klm.
Ballastverbrauch 15 Sack.
° Wärmegrade in Reaumur.
Maximalhöhe 2520 m. über dem Tempelhofer Felde.
P. Postkarten.
bedeckte Sonne.
Wolken verdeckte Sonne.
schnittliche Horizontal Geschwindigkeit 2,41 m. pro Secunde.
Maassstab 1:100000.
15 Klm.
Berlin.
Spandau
Dallgow
Westend
Charlottenburg
Seeburg
Tempelhof
Dahlem
Steglitz
Zehlendorf
Lichterfelde
Potsdam.
Wannsee
Teltow.
Buckow
Nach den während der Fahrt gemachten Beobachtungen
entworfen und gezeichnet
Gross.
Seconde-Lieutenant in der Luftschiffer-Abtheilung.

◀ Fluglinie des Ballons »Haparanda« der Luftschiffer-Abteilung vom 29. Juni 1887. Der Ballonführer Seconde-Lieutenant Groß hat alle Angaben der Fahrt wie z. B. Höhe, Zeit etc. präzise notiert.

▲ Broschüre über die Entstehung und Entwicklung der Luftschiffer-Abteilung von ihrem Anfang bis 1901.

Nach der Ausbildung bayerischer Offiziere durch die Luftschiffer-Abteilung wurde 1890 bei der bayerischen Armee eine Luftschiffer-Lehrabteilung in München gebildet. Mit deren erstem Führer Hauptmann Karl Brug blieb Moedebeck zeitlebens freundschaftlich verbunden. Anfang Oktober 1895 wurde aus der Luftschiffer-Lehranstalt die bayerische Luftschiffer-Abteilung.

Ende Februar 1893 besuchte Kaiser Wilhelm II. erstmalig die Luftschiffer-Abteilung in Berlin. Mit seinem Besuch wuchs die allgemeine Bedeutung der noch jungen Abteilung. Ab Oktober des Jahres wurde zunächst probeweise ein Ausbildungslehrgang für Offiziere aller Waffengattungen eingeführt. Am 30. März 1895 wurde die Luftschiffer-Abteilung auf Allerhöchste Kabinettsorder zu einem selbstständigen Truppenteil gemacht und unmittelbar der neu gebildeten Eisenbahn-Brigade unterstellt. Im Mai 1895 wurde versuchsweise eine Luftschiffer-Lehranstalt eingerichtet. Der zu jener Zeit wieder bei der Fußartillerie dienende Moedebeck wirkte dort kurze Zeit als Lehrer mit.

Seit Mai 1886 hatten die Luftschiffer immer wieder auch an Übungen mit anderen Truppenverbänden teilgenommen, im Spätsommer 1889 waren sie erstmalig an den jährlich stattfindenden Kaisermanövern beteiligt. Um mobil zu sein und die Ballone auch im Feld einsetzen zu können, hatte die Abteilung einen vollständigen Fuhrpark mit Geräte- und Gaswagen entwickelt.

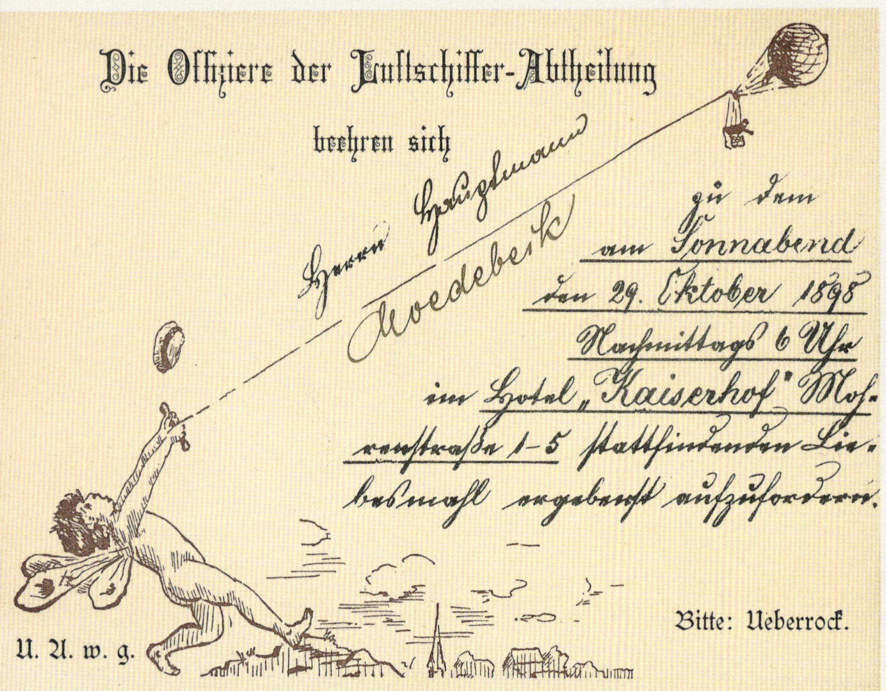
Die Offiziere der Luftschiffer-Abtheilung

beehren sich

Herrn Hauptmann Moedebeck zu dem am Sonnabend den 29. Oktober 1898 Nachmittags 6 Uhr im Hotel „Kaiserhof" Mohrenstraße 1-5 stattfindenden Liebesmahl ergebenst aufzufordern.

U. A. w. g.

Bitte: Ueberrock.

Einladung der Offiziere der Luftschiffer-Abteilung zum Liebesmahl, im deutschen Heer ein gemeinschaftliches Mahl der Offiziere einer Garnison oder eines Regiments, am 29. Oktober 1898. Gebeten wurde um Erscheinen im festlichen Überrock in den Kaiserhof, welches das erste Grand-Hotel Berlins war.

Im April 1899 schied die Luftschiffer-Abteilung aus dem Verband der Eisenbahntruppen aus und wurde stattdessen der neugegründeten Inspektion der Verkehrstruppen unterstellt. Wegen zunehmender Aufgaben wuchs die Luftschiffer-Abteilung kraft einer weiteren Allerhöchsten Kabinettsorder vom März 1901 zu einem Luftschiffer-Bataillon mit zwei Kompanien zum 1. Oktober 1901 an. Zu der Zeit siedelte das Bataillon zum Schießplatz Tegel in der Jungfernheide um.

Der Dienst der Luftschiffertruppen sah neben Freiballonfahrten vor allem die Verwendung und Bedienung von Fesselballonen vor. Diese werden durch Drahtseilkabel am Boden gehalten. Der Einsatz von Fesselballonen diente der Aufklärung feindlicher Stellungen und Truppenbewegungen sowie der Artilleriefeuerleitung. Die gebräuchliche Kugelform des Ballons stellte zwar das beste Verhältnis zwischen Umfang und Volumen dar, aber das häufige Pendeln eines gefesselten Ballons beeinträchtigte das Wohlbefinden und die Arbeit der Besatzung. Daher richtete sich das Augenmerk der Luftschiffer auf einen stabil im Luftraum stehenden Fesselballon. Diese Forderung inspirierte Leutenant August von Parseval und den Luftschiffer Hans Bartsch von Sigsfeld, einen sogenannten Drachenballon zu schaffen. Das Prinzip eines Drachenballons besteht darin, dass der wie ein Drachen gefesselte, länglich geformte Ballon einen dynamischen Auftrieb erhält und sich schräg aufwärts gegen den Wind stellt und damit relativ stabil ist. Ab 1897 wurde der Drachenballon in der preußischen Armee verwendet. Gleichwohl interessierte sich die Abteilung auch für Luftschiffe, deren Entwicklung im In- und Ausland nie aus dem Auge verloren wurde. Nach der Jahrhundertwende wurde die Entwicklung eines brauchbaren Luftschiffes immer konkreter. In der Folgezeit experimentierte die Abteilung mit unterschiedlichen Luftschiffen von Hans Groß und Nikolaus Basenach, Ferdinand Graf von Zeppelin, August von Parseval sowie Johann Schütte und Karl Lanz. Bei diesen Luftschifftypen handelte es sich jeweils um verschiedene Konstruktionsprinzipien.

Aufstiegsvorbereitung eines Drachenballons der Luftschiffer-Abteilung, Bauart Parseval-Sigsfeld, um 1897.

Groß-Basenach-Luftschiffe sind halbstarre Luftschiffe. Sie verfügen über ein Kielgerüst, das die Hülle in Form hält und die Last der Gondeln trägt. Die Folge sind eine höhere Stabilität und Tragkraft.

Parseval-Luftschiffe sind unstarre oder auch Prall-Luftschiffe. Sie erhalten ihre Form durch den Gasdruck und zusätzliche Luftkammern. Auf starre Strukturen, wie zum Beispiel ein in der Hülle befindliches Gerüst, wird verzichtet. Die Last der Gondeln wird gleichmäßig auf die Hülle übertragen.

Zeppelin- und Schütte-Lanz-Luftschiffe sind starre Luftschiffe. Sie haben ein festes Gerippe mit verstärktem Kiel. Die Gondeln können direkt an der tragenden Gerippekonstruktion befestigt werden. Das Gerippe bestand bei Zeppelin-Luftschiffen aus Leichtmetall und bei Schütte-Lanz-Luftschiffen aus Holz.

Wie eng zu Beginn der Luftfahrt die Beziehungen zwischen zivilen und militärischen Kreisen war, zeigt unter anderem der Umstand, dass die Luftschiffer-Abteilung den Deutschen Verein zur Förderung der Luftschiffahrt in Berlin bei der Instandhaltung seines Materials und bei der Bedienung der Ballone unterstützte. Zudem gab es viele personelle Verflechtungen. So war eines der frühesten Mitglieder des Vereins Hauptmann Buchholtz, der am 1. Oktober 1881 eingetreten war. Auch Moedebeck trat dem Verein früh bei. Seine bereits erwähnte Kontaktaufnahme zu führenden Meteorologen für den Deutschen Verein zur Förderung der Luftschiffahrt diente sowohl zivilen, als auch militärischen Interessen. Auch beteiligten sich Offiziere zusammen mit zivilen Vereinsmitgliedern an wissenschaftlichen Ballonfahrten.

PRIVATLEBEN UND MILITÄRISCHER WERDEGANG

Im Dezember 1888 erhielt Moedebeck seine erste Auszeichnung, das Ritterkreuz des österreichischen Franz-Josef-Ordens, verliehen.

Trotz seiner beruflichen Erfolge und der intensiven Beschäftigung mit der Thematik Luftschifffahrt waren seine Gedanken oft bei Ella von Mandel in Klein Dammer. Der Wunsch, seine geliebte Ella fest an seiner Seite zu haben, wuchs. So kam es nach etlichen Treffen der beiden, bei einem Aufenthalt Ellas in Berlin, Ende Februar, Anfang März 1889, zur Verlobung. Die Hochzeit folgte wenige Monate später, am 1. August, und fand auf dem heimatlichen Gut der von Mandels in Klein Dammer statt, dort, wo Hermann Moedebeck einst mit dem Ballon zufällig gelandet war und Ella kennenlernte. Ihre gemeinsame Hochzeitsreise führte sie in die mondäne Kurstadt Wiesbaden, das sogenannte Nizza des Nordens. Dass sie sich ausgerechnet für eine Kurstadt entschieden, war der Tatsche geschuldet, dass Moedebeck sich kurz vorher bei einer stürmischen Ballonfahrt verletzt hatte und nun Erholung benötigte.

Meine Verlobung mit Fräulein Ella von Mandel, Tochter des Hauptmanns a. D. und Rittergutsbesitzers von Mandel und seiner Frau Gemahlin, geborenen Walleiser, beehre ich mich ergebenst anzuzeigen.

Moedebeck
Premier-Lieutenant
der Luftschiffer-Abtheilung.

Verlobungsanzeige von Hermann Moedebeck und Ella von Mandel, 1889.

So glücklich er im Privaten mit Ella war und so sehr er sich über die berufliche Anerkennung freute, so schien ihn seine berufliche Situation dennoch nicht ganz auszufüllen. Hinweise dafür sind in einem kurz verfassten Lebenslauf von 1889 zu finden. Dort schrieb Moedebeck, dass er das »Räderwerk« des Militärs für einige Zeit verlassen wolle, um sich »den militärischen Weitblick zu erhalten«. Aus diesem Grund wollte er an eine Akademie gehen. An wel-

(16 Seiten enthaltend.)
DEUTSCHES REICH.
KÖNIGREICH PREUSSEN.
No. 1174 des Registers.
REISE-PASS
gültig bis zum 9ten October 1891
für
aus

Reisepass von Hermann und Ella Moedebeck, ausgestellt am 9. Oktober 1890. Die Moedebecks benötigten den Pass für eine Reise nach Russland.

Das Foto entstand 1889 und zeigt das junge Paar. Ob es sich dabei um ein Verlobungsfoto handelt, ist nicht bekannt.

che und für wie lange ist nirgendwo ersichtlich. Seine Planung scheint allerdings nicht aufgegangen zu sein, vielleicht war er selbst davon abgerückt, denn er blieb weiter im Militärdienst und wurde im Januar 1890 als Premier-Lieutenant wieder zur Fußartillerie, diesmal nach Thorn in Westpreußen, versetzt. Nach den bestehenden Bestimmungen mussten abkommandierte Offiziere vor der weiteren Beförderung an der Reichsgrenze Dienst tun. Thorn war eine der Garnisonen in Deutschland, die eine große Anzahl unterschiedlicher Truppengattungen beherbergte. Zudem war sie aus strategischen Gesichtspunkten eine wichtige Festung an der Grenze zu Russland.

In Thorn fiel Ella das Einleben leicht, da sie mit dem dortigen Festungskommandanten von Lettar und dessen Familie befreundet war. Laut Ella war von Lettar einer der wenigen Vorgesetzten Moedebecks, der damals schon Moedebecks Überzeugung teilte, dass die Luftfahrt zukünftig eine wichtige militärische Rolle spielen würde.

Metallknauf in Form eines Ballons, um 1900. Der Knauf gehörte zu einer Schranktür oder Kommodenschublade und stammt aus dem Nachlass von Moedebeck.

Stühle mit Ballonmotiv, um 1900. Die Stühle aus Eichenholz sind eine interessante – wohl eigens für Moedebeck hergestellte – Einzelanfertigung. Die rustikalen Unterteile wurden mit eher im klassizistischen Stil gehaltenen Rückenteilen kombiniert. Die linke Stuhllehne stellt eine Montgolfière (Heißluftballon) und die rechte eine Chalière (Gasballon) dar.

1891 wurde Moedebeck unter Beförderung zum Hauptmann als Kompaniechef in das Schleswig-Holsteinische Fußartillerie-Regiment Nr. 9 versetzt, diesmal nach Köln. Bis zur Beförderung zum Hauptmann wurden in etwa 15 Dienstjahre benötigt. Moedebeck lag mit 12 Jahren unter dem Durchschnitt, was bis dato vermutlich seinem Einsatz und Engagement geschuldet war.

Die Moedebecks gewöhnten sich schnell an das fröhliche Treiben im Rheinland, wozu alljährlich der Kölner Karneval reichlich Gelegenheit bot. 1893 folgte Moedebecks Versetzung nach Ehrenbreitstein. Die Festung Ehrenbreitstein war Bestandteil des Systems der Koblenzer Festungswerke und diente der Sicherung des Mittelrheintals sowie der Sicherung der gesamten Verkehrsinfrastruktur wie Eisenbahntrassen und Flussübergängen bei Koblenz.

Der dortige Kommandant Generalmajor Robert von Wurmb machte Moedebeck allerdings das Leben schwer, weil er keinerlei Verständnis für Moedebecks Passion in Sachen Luftschifffahrt hatte. Er selbst lehnte die militärische Luftfahrt ab.

Bestellkarte für die 2. Auflage von Moedebecks 1895 erschienenem »Taschenbuch zum praktischen Gebrauch für Flugtechniker und Luftschiffer«.

Unterzeichneter bestellt durch die Geschäftsstelle des Berliner Vereins für Luftschiffahrt

„Taschenbuch f. Flugtechniker u. Luftschiffer“

von

Major **Herm. Moedebeck**

zum Vorzugspreis von 8,— Mk. (anstatt 10,— Mk.)

Name: ....

Datum: ....

Wohnort: ....

Vorzugspreis gilt nur bis 1. April.

In diese beruflich unbefriedigende Zeit fiel aber auch ein glückliches Ereignis: die Geburt der Tochter Gisela am 24. August 1893. Neben diesem freudigen Geschehen fand Moedebeck auch wieder Muße zum Schreiben, woraufhin er im Jahr 1895 im Berliner Verlag W. H. Kühl die erste Auflage des »Taschenbuch[s] zum praktischen Gebrauch für Flugtechniker und Luftschiffer« herausgab. Dieses Taschenbuch mit Aufsätzen von Moedebeck selbst und von namenhaften wissenschaftlich-technisch gebildeten Persönlichkeiten, erschien in mehreren Auflagen und wurde in mehrere Sprachen übersetzt, so zum Beispiel 1907 ins Englische.

MOEDEBECKS HOCHZEIT

Ellas Familie von Mandel gehörte zum preußischen Landadel. Ihr Vater Max von Mandel hatte 1870 das sich in der preußischen Provinz Brandenburg befindliche Gut Klein Dammer geerbt. Zu dem Gut gehörte auch ein kleines Schloss, um 1850 im klassizistischen Stil erbaut. Hier lebte Max von Mandel ab 1871 mit seiner Familie. Er und seine Frau Eugenie, geborene Walleiser, ließen ihre jüngeren Kinder Ella, Sophie, Victor und Erich von August 1880 bis Oktober 1881 von Martha Fontane erziehen und unterrichten. Aus dieser Zeit stammen zahlreiche Briefe Martha Fontanes an ihre Eltern, in denen sie das Leben in Klein Dammer schilderte. Die Tochter des Schriftstellers Theodor Fontane erweiterte den geistigen Horizont Ellas erheblich. Beide mochten einander. Die daraus sich entwickelnde Freundschaft blieb nach dem Fortgang Marthas weiter bestehen. Ella besuchte die Familie Fontane mehrmals in Berlin. Dort traf sie auch den bekannten Maler Adolph Menzel, der zum Freundeskreis des Schriftstellers gehörte.

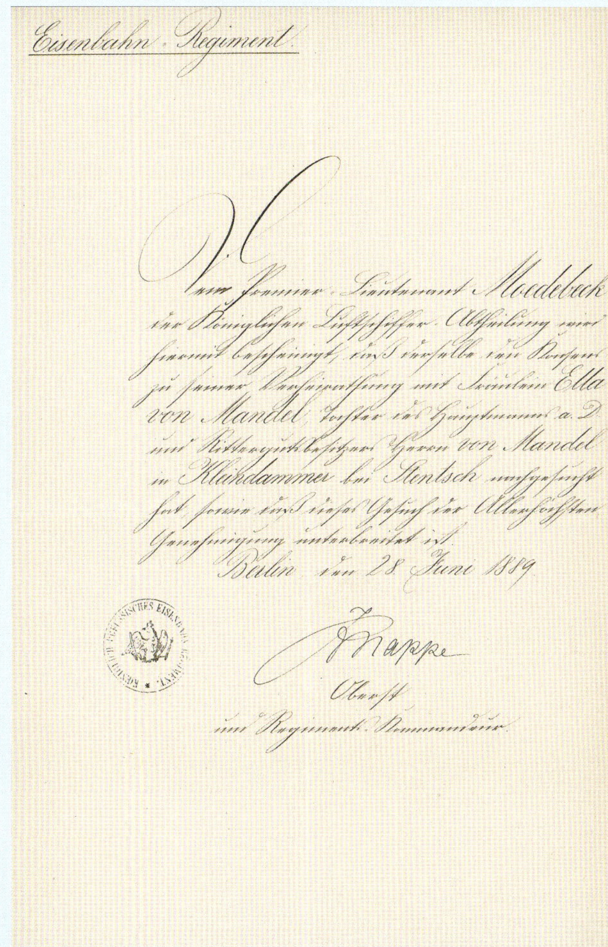

Eisenbahn-Regiment

V.

Dem Premier-Lieutenant Moedebeck der Königlichen Luftschiffer-Abtheilung wird hiermit bescheinigt, daß derselbe den Consens zu seiner Verheirathung mit Fräulein Ella von Mandel, Tochter des Hauptmann a. D. und Rittergutsbesitzer Herrn von Mandel in Kleindammer bei Stentsch nachgesucht hat, sowie daß dieses Gesuch der Allerhöchsten Genehmigung unterbreitet ist.

Berlin den 28. Juni 1889

Königlich Preussisches Eisenbahn-Regiment

Knappe

Oberst

und Regiments-Kommandeur

Zwischenbescheid von Moedebecks Vorgesetzten Oberst Ernst von Knappe vom 28. Juni 1889 für seine Heiratserlaubnis. Für die Eheschließung musste eine vom Vorgesetzten erteilte Heiratserlaubnis vorliegen.

Familienfoto der von Mandels mit dem Schwiegersohn Hermann anlässlich der Hochzeit 1889: (v. l. n. r.) Sophie, Henriette Walleiser (Ellas Großmutter), Max jun., Eugenie, Victor, Max, Erich, Hermann, Ella.

Nach dem spektakulären Kennenlernen Hermanns und Ellas im Juli 1886 sowie der Verlobung Anfang 1889 folgte die Hochzeit im Sommer des Jahres. Die Hochzeitsfeierlichkeiten fanden am 31. Juli und 1. August auf dem Gut Klein Dammer statt. Über die Vorbereitungen der Feierlichkeiten ist leider kaum etwas bekannt. Nach der standesamtlichen Trauung folgte die kirchliche Trauung in Schmarse. Am Festessen am 1. August nahmen neben dem Brautpaar 34 Gäste inklusive der Familienangehörigen teil. Während des Festessens wurden auf das Brautpaar zahlreiche Reden gehalten und Toasts ausgesprochen. Als erster sprach Ellas Vater. In seiner Festrede sagte er: »Hochverehrte Festgenossen! Die Bedeutung und Wichtigkeit des frohen Festes, das wir heute feiern, auseinanderzusetzen, halte ich nicht für erforderlich, da Sie ja alle der feierlichen Handlung in der Kirche zu Schmarse beigewohnt. Ich setze voraus, dass Sie in Liebe, Freundschaft und kameradschaftlicher Zuneigung Theilnahme an dem Gebet des Geistlichen, um den er den Segen des Allmächtigen für den ferneren, oder besser gesagt, für den numehr vereinten Lebensweg des jungen Paares erflehte. Einige von Ihnen haben vielleicht auch bei dem standesamtlichen Eheschluss ihre Wünsche in Worte gekleidet; dessen ungeachtet wollen wir hier beim frohen Mahle ebenfalls die unsrigen zum Ausdruck bringen, da bei einem so wichtigen Schritte dieselben nicht oft genug ausgesprochen werden können.

Kleindammer,
den 1. August 1889.

Krebssuppe.
Kroquettes.
Rinderfilet in Madeira.
Rheinlachs.
Leipziger Allerlei.
Hummer.
Brüsseler Poularden.
Eingemachtes, Salat,
Gefrorenes.
Butter und Käse.
Baumkuchen.
Nachtisch.

Die Frau regieret Herz u. Topf
Der Mann den Becher, und den Kopf.

Lith. v. Wilhelm Greve, Kgl. Hoflith., Berlin.

Reich verzierte Menükarte anlässlich des Hochzeitsfestessens von Ella und Hermann am 1. August 1889. Auch hier wurde auf die besondere Art des Kennenlernens der beiden Bezug genommen.

Du, liebe Tochter, verlässt heute das Vaterhaus, um in eine neue Heimath einzutreten. Möge Dich die Hand des Allmächtigen leiten, dass Du Freude in dieselbe bringst und Glück dort verbreitest. Dein Platz im Vaterhaus wird Dir bewahrt bleiben und so oft Du in dasselbe einkehrst, sollst Du mit offenen Armen empfangen werden. Erfülle Deine Doppelpflicht, gieb ein Bedauern hier, dort Hoffungsglück, uns Tränen, ihm ein lächelnd Angesicht!

Du, lieber Sohn, hast Dir bei uns eine Heimstätte gegründet, in welcher Du zu jeder Zeit willkommen sein wirst. Dein Character giebt uns die Bürgschaft, dass wir Dir die Zukunft unseres Kindes anvertrauen können.

Wenn schwere und trübe Stunden in Eurem Leben und an Eurem Herde, an Euch, wie an jeden, herantreten, so bekämpft sie mit Gottvertrauen! Und so, meine hochverehrten Damen und Herren, ergreifen wir die Gläser auf das Wohl des jungen Paares, stossen wir an auf einen glücklichen, langen mit himmlischen und irdischen Gütern reichgesegneten Ehestand! Stimmen wir alle ein in den Ruf: das junge Paar, es lebe hoch!«

»Eine Geschichte ohne Worte«: Germania lenkt als Schicksalsgöttin den Ballon »Barbara« mit Moedebeck über das Gut Klein Dammer, vor dem Ella steht und in den Himmel schaut.

Nach diesen emotionalen Worten des Brautvaters folgten weitere Reden, die immer wieder auf die Ballonlandung und das anschließende Kennenlernen Bezug nahmen. So wurde Ella in einer weiteren Rede als erste »Königlich Preussische Luftschifferin« tituliert.

Verantwortlich für viele der Hochzeitstexte war Major a. D. Carl Walleiser. Er war der Bruder von Ellas Mutter. Carl Walleiser war Soldat und Schriftsteller und lebte aufgrund einer Lähmung seit 1879 im Berliner Invalidenhaus, einer Einrichtung für ausgediente und kriegsinvalide Soldaten. Auch er nahm den besonderen Umstand des Aufeinandertreffens der Brautleute auf und dichtete unter anderem für die Hochzeit:

»Aus der Wolke, strömt der Regen,
aus der Wolke kommt der Segen,
Selten nur ein Bräutigam!«

Einige der Reden bzw. Gedichte für das Brautpaar wurden mit Zeichnungen versehen, die immer auf die Luftschifffahrt anspielten.

Übersichtskarte des Deutschen Reichs. Eingezeichnet sind die acht Garnisonsstädte, in denen Moedebeck während seiner knapp 31 Dienstjahre stationiert war.

»Hier Station Erde!«,
undatierte Aufnahme.

EIN NETZWERKER SEINER ZEIT

Nachdem Moedebeck gegen Ende des Jahres 1895 zur Luftschiffer-Abteilung in Berlin als Lehrer berufen worden war, kam er im Frühjahr 1896 nach Straßburg. Hier wurde er Kompaniechef beim Fußartillerie-Regiment Nr. 10. Das Leben war hier freier als in Ehrenbreitstein und Moedebeck konnte sich neben seinem artilleristischen Dienst auch seinen anderen Interessen widmen. So gründete er dort zusammen mit Dr. Hugo Hergesell und Hauptmann Schering am 24. Juli 1896 den Oberrheinischen Verein für Luftschiffahrt. Der Verein war der erste, der auch weibliche Mitglieder aufnahm. Die ersten Frauen, die aufgenommen wurden, waren Ella, ihre Schwester Sophie sowie Hergesells Frau Emilie. Hergesell war Meteorologe und Geophysiker. Er erhielt 1887 den Auftrag, einen meteorologischen Dienst in Elsaß-Lothringen einzurichten, dessen Direktor er einige Jahre später, 1891, wurde. Moedebeck lernte Hergesell vermutlich in Straßburg kennen. Neben dem gemeinsamen Interesse für Meteorologie und die Luftfahrt verband beide eine lebenslange Freundschaft.

Auf dem Foto, aufgenommen in Mailand 1906, sind zwei der vielen Weggefährten Moedebecks zu sehen. Richard Aßmann (li.) und Hugo Hergesell, beides Meteorologen. Mit Hergesell verband Moedebeck eine lange Freundschaft.

Laut Ellas Aufzeichnungen verhinderte der spätere Kommandeur des Luftschiffer-Bataillons Hans Groß Moedebecks Rückkehr zu den Luftschiffern. Groß galt lange als einer der schärfsten Kritiker des Starrluftschiffes zeppelinscher Bauart, während Moedebeck zu den Anhängern zählte. Groß baute zusammen mit Basenach eigene, halbstarre Luftschiffe für das Militär. Diese Differenzen könnten der Grund für eine gewisse Disharmonie zwischen beiden gewesen sein. Zwar lässt sich im Nachlass in der unmittelbaren Korrespondenz zwischen Groß und Moedebeck kein Hinweis dazu finden, jedoch weisen nicht nur Ellas Aufzeichnungen auf Probleme hin, auch Alfred Hildebrandt lässt in einigen Briefpassagen an seinen Freund Moedebeck kein gutes Haar an Groß.

Indessen wuchs die junge Familie Moedebeck weiter, das zweite Kind des Ehepaars wurde geboren. Sohn Eberhard erblickte am 5. Mai 1896 das Licht der Welt.

Ein wichtiger Schritt in Moedebecks publizistischer Tätigkeit war die Gründung und Herausgabe der Illustrierten Aeronautischen Mitteilungen 1897. Die Illustrierten Aeronautischen Mitteilungen waren eine der ersten Zeitschriften, die sich vor mehr als 120 Jahren auf wissenschaftlichem und akademischem Niveau mit der Entwicklung der Luftfahrt bzw. Luftschifffahrt im deutschsprachigen Raum beschäftigten (vgl. Kapitel: Die Illustrierten Aeronautischen Mitteilungen).

Die nächsten Jahre brachten abermals wichtige Veränderungen der militärischen Tätigkeit und Standortwechsel für Moedebeck und seine Familie mit sich. War er 1900 gerade erst zum Artillerieoffizier vom Platz in Swinemünde in Pommern ernannt worden, so wurde er

Kurz vor dem Aufstieg des frisch auf den Namen »Hergesell« getauften Ballons des Oberrheinischen Vereins für Luftschiffahrt in Straßburg am 15. Juni 1908. Auf dem Foto sind (v. l. n. r.) Eberhard mit weißem Hemd und hellem Strohhut, Gisela, Ella, im Ballonkorb Emilie Hergesell zu sehen, daneben, vor dem Korb, der Ballonführer Max Becker und mit dem Zylinder Hugo Hergesell. Ella durfte den Ballon taufen.

schon im darauffolgenden Jahr zum Major beim Stab seines alten Fußartillerie-Regiments Nr. 6 in Neisse in Schlesien befördert. Darauf folgte 1903 die Ernennung zum Artillerieoffizier vom Platz in Graudenz in Westpreußen. Auch hier gründete er einen Luftschifferverein, und zwar am 11. Juni 1904 den Ostdeutschen Verein für Luftschiffahrt. In Anerkennung seiner diesbezüglichen Leistungen wurde Moedebeck später sowohl in Graudenz als auch in Straßburg zum Ehrenmitglied beider Vereine ernannt.

Im Jahr 1905 kehrte die Familie wieder zurück nach Straßburg. Moedebeck war dort von April 1905 bis Juni 1908 als Bataillonskommandeur beim Badischen Fußartillerie-Regiment Nr. 14 eingesetzt. 1907 wurde Moedebeck schließlich zum Oberstleutnant ernannt.

Aus der Ausarbeitung eines im Oktober 1905 in Straßburg gehaltenen Vortrages entstand 1906 die Publikation »Die Luftschiffahrt – ihre Vergangenheit und ihre Zukunft – insbesondere das Luftschiff im Verkehr und im Kriege« im Straßburger Verlag Karl J. Trübner. Auf mehr als 130 Seiten mit 71 Abbildungen informierte Moedebeck im Buch ausführlich über die Entwicklung von Luftschiffen und deren Verwendungsmöglichkeit. Für das Buch erhielt er ein Honorar von 300 Mark.

Moedebeck publizierte aber nicht nur selbst, sondern sammelte bereits seit seinem 26. Lebensjahr auch fachspezifische Artikel, Schriften, Bücher, Drucke und Medaillen

▶ Ella (li.) und Josefine Hinterstoisser auf dem Ballonplatz in Mailand 1906. Franz Hinterstoisser war Offizier der k. u. k. Armee und Luftschiffer. Beide Paare waren befreundet. Franz und Hermann kannten sich durch das Militär und die Arbeit als Mitglieder der Internationalen Kommission für wissenschaftliche Luftschiffahrt.

◀ Karl Jatho gelang am 18. August 1903 bei Hannover mit seinem Dreidecker mit 12-PS Motor ein Luftsprung von etwa 18 Metern Weite in knapp einem Meter Höhe. Bereits im November desselben Jahres erreichte er mit seinem zum Doppeldecker umgebauten Flugapparat Sprünge bis zu 60 Metern. Jatho war jedoch zu bescheiden, um seine Erfolge in der Öffentlichkeit bekannt zu machen.

▼ Der Brasilianer Alberto Santos Dumont experimentierte in Frankreich mit selbstgebauten Luftschiffen und Flugapparaten. Hier sitzt er in seinem Flugapparat »Demoiselle«, 1909.

über die Thematik Luftfahrt. Seine bibliothekarische Sammlung war groß und, wie Zeitgenossen feststellten, bedeutend. So waren seine Schätze auch immer wieder gefragt, wie zum Beispiel für die Historische Ausstellung der Internationalen Luftschiffahrt-Ausstellung 1909, wo Objekte aus seiner Sammlung die Ausstellung bereicherten.

Seine Frau Ella verwaltete die Fachbibliothek. Sie erinnert sich in ihrer Niederschrift »Erinnerungen an Selbsterlebtes«, dass, sobald die Wintermonate näher kamen, das Interesse vieler Offiziere an der Ausleihe von Büchern stieg. Gerade bei den jungen Offizieren war das Interesse für die Luftfahrt groß. Ella organisierte den Leihverkehr.

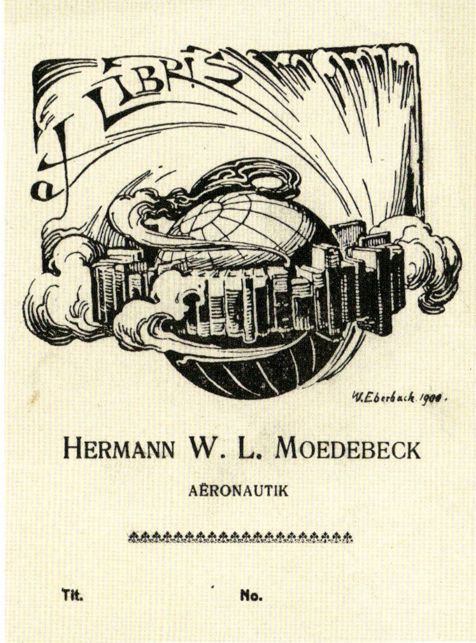

Bei einem Ballonaufstieg sind im Vordergrund Moedebeck (li.) und Hermann Fürst zu Hohenlohe-Langenburg zu sehen. Im Hintergrund stehen mit dem Rücken zum Fotografen Ella (li.) und Gisela, undatierte Aufnahme.

Exlibris von Moedebeck, 1900.

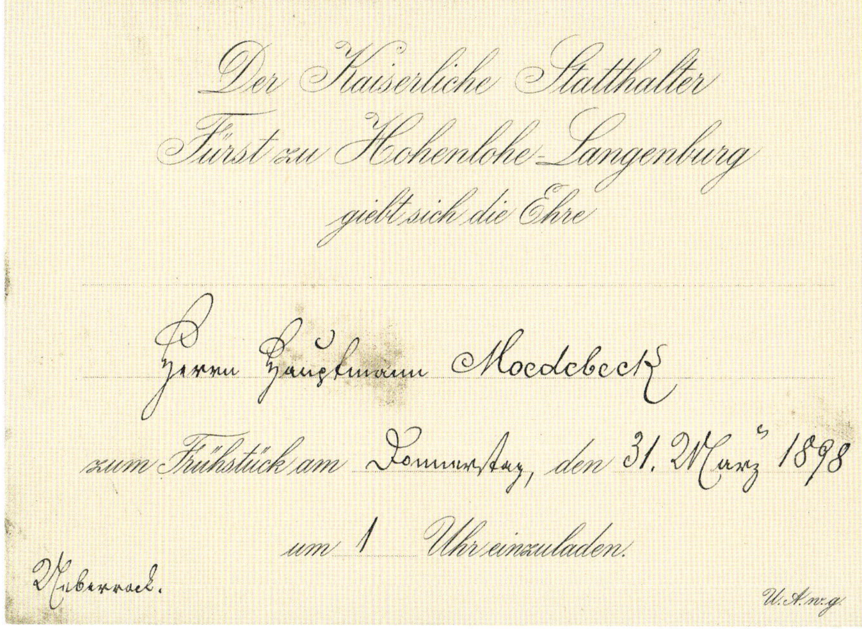

Der Kaiserliche Statthalter
Fürst zu Hohenlohe-Langenburg
giebt sich die Ehre

Herrn Hauptmann Moedebeck

zum Frühstück am Donnerstag, den 31. März 1898
um 1 Uhr einzuladen.

Überrock.

U.A.w.g.

Frühstückseinladung von Hermann Fürst zu Hohenlohe-Langenburg, der Kaiserlicher Statthalter von Elsaß-Lothringen und Protektor des Oberrheinischen Vereins für Luftschiffahrt war. Moedebeck war Mitbegründer, Ehrenmitglied und zeitweise Vorsitzender des Vereins.

Manche Mahnung musste geschrieben werden, um alle Bücher zurückzubekommen. Trotzdem kam es zu Verlusten. Moedebeck investierte viel Geld in den Erwerb neuer Bücher. Da er auch sehr an historischen Büchern interessiert war, hatte er zu vielen Antiquariaten Kontakt. Nach dem Erhalt seines Gehalts am ersten eines Monats wurden sogleich 20 Mark in den Ankauf investiert. Das war zu jener Zeit viel Geld, auch wenn Moedebeck als Offizier zu den Besserverdienern gehörte. Als Major betrug sein Gehalt je nach Zulagen monatlich zwischen 674 und 738 Mark brutto.

Indessen schritt nicht nur bei den Luftschiffen die Entwicklung weiter voran, sondern auch bei den Flugapparaten. Mit ihren

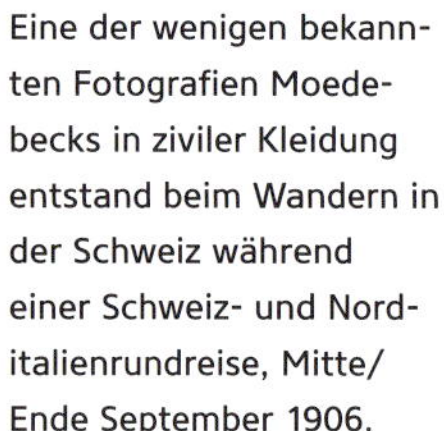

Eine der wenigen bekannten Fotografien Moedebecks in ziviler Kleidung entstand beim Wandern in der Schweiz während einer Schweiz- und Norditalienrundreise, Mitte/ Ende September 1906.

Bei dieser Rundreise entstand die Fotografie von Ella mit Blick auf Florenz, 1906.

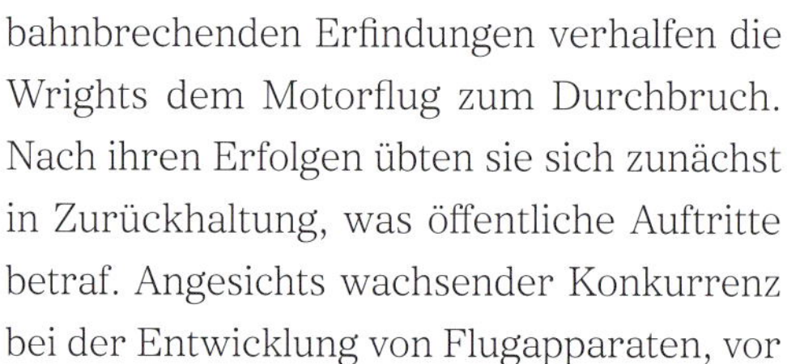

bahnbrechenden Erfindungen verhalfen die Wrights dem Motorflug zum Durchbruch. Nach ihren Erfolgen übten sie sich zunächst in Zurückhaltung, was öffentliche Auftritte betraf. Angesichts wachsender Konkurrenz bei der Entwicklung von Flugapparaten, vor allem in Frankreich, und aufgrund zunehmender Skepsis gegenüber ihren Erfolgen, entschlossen sie sich dann aber doch zu öffentlichen Flugvorführungen. Ihre eindrucksvollen Flüge wurden zu Attraktionen, die viele Schaulustige anzogen. Nachdem sie 1908 in Frankreich gastierten, kamen sie im August und Septemeber 1909 nach Berlin. Auch Moedebeck war bei ihren Flugvorführungen auf dem Tempelhofer Feld neugieriger Zuschauer. Er stand mit den Brüdern Wright in schriftlichem Kontakt, hatte immer wieder nach Beweisen ihrer Flüge gefragt. So zum Beispiel im Frühjahr 1906. Der Inhalt des Anwortbriefes unterstreicht den zurückhaltenden Umgang der Brüder Wright mit Informationen über ihre Flüge. Gleichzeitig luden sie Beobachter ein, sich selbst ein Bild zu machen. Schon früh erkannten sie den Wert von Flugzeugen für eine militärische Nutzung. Sie schrieben in diesem Brief: »We have no intention of exploiting our invention commercially, but intend to restrict the sale entirely to the various goverments, to whom we believe it will at once prove one of the most useful of all military weapons.«

Moedebeck war also, so belegt die Korrespondenz, auch stark an der Entwicklung der aufkommenden Flugapparate interessiert.

Presse-Dauerkarte, ausgestellt auf Moedebeck für die Flugvorführungen der Wrights auf dem Tempelhofer Feld im August und September 1909.

Rückseite mit Lageplan des Tempelhofer Feldes für die Flugvorführungen der Wrights.

Wrights Flug-Vorführungen

auf dem Tempelhofer Feld, im August und September 1909, veranstaltet vom

Berliner Lokal-Anzeiger

Presse

Dauerkarte zum Eintritt auf den reservierten Presse-Platz, giltig für

Herrn Oberleutnant Moedebeck

Zeitung: Illustrierte Aeronautische Mitteilungen

Die genauen Angaben, an welchen Tagen die Vorführungen stattfinden, werden im „Berliner Lokal-Anzeiger" veröffentlicht. Die Besichtigung der Flugmaschine und das Betreten des Flugplatzes kann unter keinen Umständen gestattet werden.

Plan umstehend!

Otto Lilienthals wissenschaftlich begründete Schriften inspirierten viele der nachfolgenden Flugpioniere, so auch die Brüder Wilbur und Orville Wright. Hier experimentieren sie mit ihrem Doppeldecker-Gleitapparat in Kitty Hawk, USA, 1901.
In der März-Ausgabe der Illustrierten Aeronautischen Mitteilungen von 1903 berichtete Moedebeck über die weiteren Gleitversuche der Wrights.

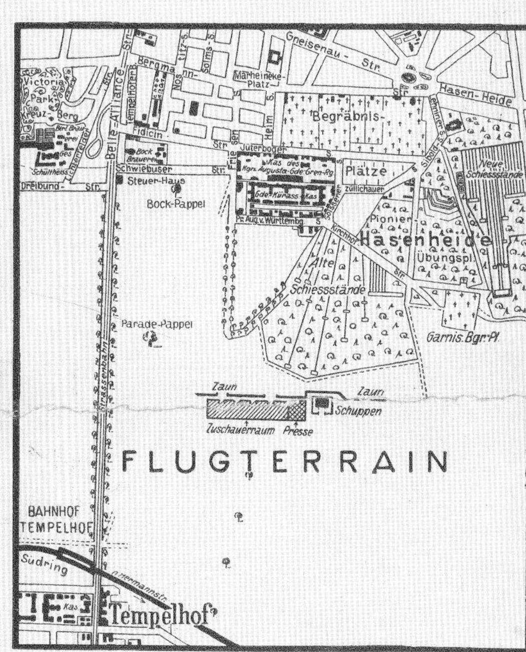

Vorstehende Skizze kennzeichnet die Lage des Startplatzes der Flug-Vorführungen. Die bequemste Verkehrsverbindung bieten die Züge der Ringbahn (Station Tempelhof) und die aus Berlin nach Tempelhof und Mariendorf führenden Straßenbahnlinien.

1900

Wilhelm Kress

Ingenieur

IV. Waaggasse 13.

O. Chanute.

Best greetings and wishes for the new year

Miss Constance M. Hook

The New York Times.

The Daily Record.

Berlin W.
Rosenheimerstr. 28.

Paul Haenlein

Dr. C. W. Schleiffarth

CORRESPONDENT
ILLUSTRIRTE AERONAUTISCHE MITTEILUNGEN
STRASSBURG, GERMANY

SIDNEY 563

ST. LOUIS, MO.

Dr. Walter de Gruyter

i. Fa. Georg Reimer, Verlagsbuchhandlung, Berlin
i. Fa. Karl J. Trübner, Verlagsbuchhandlung, Straßburg i. E. u. Berlin.

KARL LANZ

HILDASTRASSE 7/8

Otto Krell
Director
der Kriegs- und Schiffbautechnischen Abteilung
der Siemens Schuckert Werke G. m. b. H.

Berlin W. 15 Kurfürstendamm 22

Generalmajor
V. Ritt. von Mikulicz Radecki

Wien, V/1, Wienstrasse 22.

Mr. Orville Wright

Dayton, Ohio.

Miss Wright.

Graf u. Gräfin Ferdinand Zeppelin.
erwidern mit bestem Dank die freundlichen Glückwünsche zum neuen Jahr.

Beispiele von Visitenkarten von Personen unterschiedlichster Couleur, die Moedebecks vielfältige Kontakte verdeutlichen.

Friedrich Lux

Ludwigshafen am Rhein Ludwigsplatz 9.

Oberstleutnant von Hugo
aggr. d. 3. Garde-Ulanen-Regiment und
Militär-Attaché der Deutschen Botschaft
in Paris

DIE ZEPPELIN-LUFTSCHIFFE

Die ersten Starts der Montgolfièren (Heißluftballone) und Charlièren (Gasballone) in Frankreich Ende des 18. Jahrhunderts lösten in ganz Europa in allen Bevölkerungsschichten eine Welle der Begeisterung und Euphorie aus. Es war das erste Mal, dass Menschen kontrolliert in die Luft emporsteigen konnten. Das größte Problem des Ballons war von Beginn an die Tatsache, dass er horizontal nicht zu steuern war und der Windrichtung folgen musste. Vom Prinzip »Leichter als Luft« ausgehend, versuchten Konstrukteure ein steuerbares Luftfahrtzeug zu entwickeln. Es gab verschiedene Überlegungen. Eine wichtige Rolle spielten dabei die Verbrennungsmotoren, die allerdings anfangs durch mangelnde Leistungen und hohes Gewicht den Bau tauglicher Luftschiffe verhinderten. 1884 gelang es den Franzosen Charles Renard und Arthur H. C. Krebs mit ihrem von einem Elektromotor angetriebenen Luftschiff »La France« aus eigener Kraft an ihren Startpunkt zurückzukehren. Das erste voll lenkbare Luftschiff war geboren.

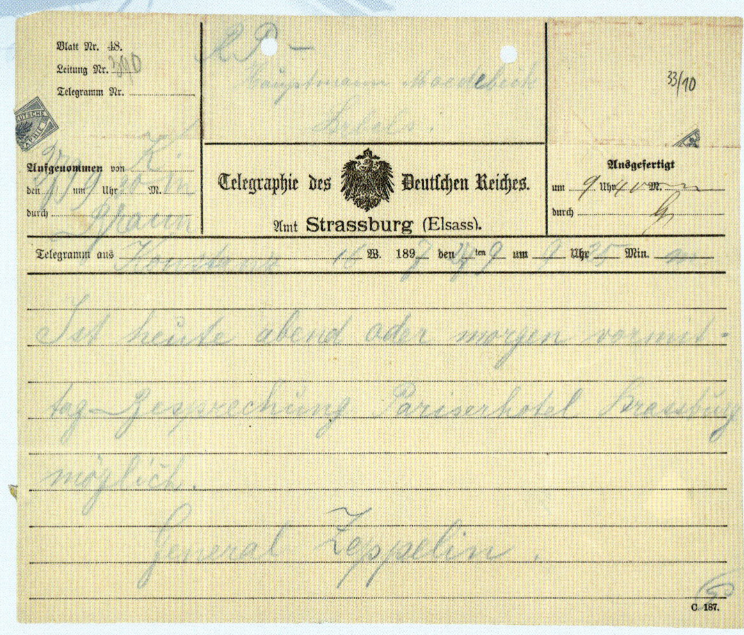

Blatt Nr. 48.
Leitung Nr.
Telegramm Nr.

Hauptmann Moedebeck

Aufgenommen von
den um Uhr M.
durch

Telegraphie des Deutschen Reiches.
Amt Strassburg (Elsass).

Ausgefertigt
um 9 Uhr 40 M.
durch

Telegramm aus W. 189 den ten um Uhr Min.

Ist heute abend oder morgen vormittag Besprechung Pariserhotel Strassburg möglich.

General Zeppelin.

C. 187.

In diesem Telegramm vom 27. September 1897 bittet Graf von Zeppelin Moedebeck um ein Treffen in Straßburg.

Ferdinand Graf von Zeppelin war Soldat und schied im Dezember 1890 als Generalleutnant im Rang eines Generals à la suite des württembergischen Königs aus der Armee aus. Grund für seinen vorzeitigen Abschied aus dem Militärdienst war eine Denkschrift, die er Anfang des Jahres verfasst hatte. In der Denkschrift kritisierte Graf von Zeppelin, dass ein von Preußen ernannter Kommandierender

General über Wohl und Wehe württembergischer Offiziere entscheidet. Ähnlich wie später Moedebeck konnte sich Graf von Zeppelin nun als Privatier anderen Interessen widmen, nämlich der Luftfahrt. Diese faszinierte ihn bereits seit 1874. Im Januar des Jahres hielt der damalige Generalpostdirektor Heinrich Stephan vor der Wissenschaftlichen Gesellschaft in Berlin einen Vortrag mit dem Titel »Weltpost und Luftschiffahrt«. Stephan organisierte das deutsche Postwesen und war Mitbegründer des Weltpostvereins. In seinem Vortrag prophezeite er die bevorstehende Realisierung lenkbarer Luftschiffe. Folgend beschäftigte sich Graf von Zeppelin intensiv mit dem Thema, obgleich er dafür zunächst von vielen verspottet wurde. Konkret wurden seine Vorarbeiten ab 1892. Für die Umsetzung seiner Idee, Luftschiffe zu bauen, benötigte er Geld. Schnell reifte bei ihm die Erkenntnis, dass wohl nur ein Unternehmen die Aufgabe des Baus realisieren kann. Im Juni 1898 kam es dann in Stuttgart zur Gründung der Gesellschaft zur Förderung der Luftschiffahrt. Auch Moedebeck gehörte zu den Aktionären und zeichnete im Juli des Jahres eine Aktie in Höhe von 1000 Mark. Die Anzahl der Aktionäre war allerdings nicht ausreichend, sodass Graf von Zeppelin sich gezwungen sah, selber 441 Aktien zu erwerben.

Ein Jahr später, 1899, verlegte die Gesellschaft ihren Sitz nach Friedrichshafen und begann mit dem Bau einer Luftschiffhalle auf dem Bodensee und mit dem Bau eines Luftschiffes.

Moedebeck war von Anfang an ein Befürworter der Idee Zeppelins, starre Luftschiffe, d. h. Luftschiffe mit einem festen Gerippe und verstärktem Kiel, zu bauen. Graf von Zeppelin und Moedebeck suchten schon früh Kontakt zueinander, wie zwei Telegramme vom 27. September und 12. Oktober 1897 belegen. Erstmalig berichtete Moedebeck in einem Aufsatz in der Kriegstechnischen Zeitschrift aus dem Jahr 1898 über Graf von Zeppelins Luftschiffpläne. »Er wird gewiß von guter Wirkung sein« war sich der Graf über den Aufsatz sicher. In Heft 1 der Illustrierten Aeronautischen Mitteilungen vom Januar 1900 beschrieb Moedebeck ausführlich das erste Zeppelin-Luftschiff. In seinem Artikel ging er auch auf mögliche Schwierigkeiten oder Unwägbarkeiten für den ersten Aufstieg des Luftschiffes ein. Moedebeck schließt mit den Worten: »Das eine möchten wir wünschen, dass nämlich diejenigen, welche

Aktiengesellschaft „Gesellschaft zur Förderung der Luftschiffahrt“ in Stuttgart.

INTERIMS-SCHEIN

No. 221

über

Eine Aktie à 1000 Mark

für Herrn G. W. L. Moedebeck, Hauptmann Strassburg

welcher **Zweihundertfünfzig Mark** als erste Rate von 25 % bar einbezahlt hat.

STUTTGART, im Juli 1898.

Vorstand: Hugo Kübler

Mitglieder des Aufsichtsrats: Gf. Zeppelin

Gemäss § 5 des Statuts dürfen weitere Einzahlungen nur auf Grund von Beschlüssen der General-Versammlung durch den Aufsichtsrat eingefordert werden.

Interims-Schein über eine Aktie von 1000 Mark der Gesellschaft zur Förderung der Luftschiffahrt, die von Moedebeck gezeichnet war.

Erster Aufstieg eines Zeppelin-Luftschiffes am 2. Juli 1900 vom Bodensee aus.

Moedebecks Zulassungskarte für einen Bodenseedampfer, von dem aus geladene Gäste den Aufstieg des Zeppelin-Luftschiffes LZ 4 am 14. Juli 1908 beobachten sollten.

Zeit und Kraft, Gut und Leben an die Förderung eines so bedeutsamen aeronautischen Problems setzen, in gerechter Weise gewürdigt werden.«

Der Bau des Luftschiffes schritt indes weiter voran, sodass der erste Aufstieg und die erste Fahrt des Luftschiffes am 2. Juli 1900 am Bodensee erfolgen konnte. Moedebeck war einer der geladenen Gäste, die diesem besonderen Ereignis, das ein neues Kapitel der Luftfahrt einläutete, beiwohnten. Die Fahrt über den Bodensee dauerte knapp 20 Minuten. In der August-Ausgabe der Illustrierten Aeronautischen Mitteilungen folgte ein von Moedebeck verfasster detailierter Son-

Das Zeppelin-Luftschiff LZ 1 schwebt während seiner ersten Fahrt am 2. Juli 1900 über dem Floß, mit dem es aus der Montagehalle gezogen wurde.

Das völlig ausgebrannte Aluminiumgerippe des Zeppelin-Luftschiffes LZ 4 am Morgen des 5. Augusts 1908 in Echterdingen.

Erste Landung des Zeppelin-Luftschiffes LZ 3 auf dem Zeppelin-Werksgelände am 16. März 1909. Gut zu erkennen sind die Haltemannschaften, die das Luftschiff an Seilen hielten.

Aufruf

zu einer Sammlung von Geldern zum Wiederaufbau Zeppelin'scher Luftschiffe

Graf v. Zeppelin, das Ehrenmitglied unserer Deutschen Luftschiffer-Vereine, hat in epochemachender Weise am 4. und 5. August dargetan, was wir von den Leistungen von Luftschiffen seiner Konstruktion erwarten dürfen.

Durch Schäden eines Motors zweimal zu Landungen gezwungen, die an sich glatt verlaufen sind und uns damit ebenfalls um neue wertvolle Erfahrungen bereichert haben, lag es nicht an der Erfindung unseres greisen, hartgeprüften Vorkämpfers der Luftschiffahrt, wenn das Luftschiff durch elementare Gewalten bei Echterdingen zerstört worden ist.

Wir fordern hiermit öffentlich alle auf, welche von den gleichen Gefühlen schuldigen nationalen Dankes für den Grafen v. Zeppelin erfüllt sind, sich an einer grossen Volksspende für den Wiederaufbau Zeppelin'scher Luftschiffe und für die baldige Fortsetzung der Versuche des Grafen v. Zeppelin zu beteiligen.

Beiträge nehmen alle Filialen der Dresdner Bank an durch Vermittelung der Depositen-Kasse U dieser Bank, Berlin W. 15, Kurfürstendamm 181, für Rechnung des Deutschen Luftschiffer-Verbandes, ferner: der Verlag des Verbandsorgans: Illustr. Aeronaut. Mitteilungen, Braunbeck & Gutenberg-Druckerei, A. G., Berlin W. 35, Lützowstrasse 105, und sämtliche dem Deutschen Luftschiffer-Verbande angehörigen Vereine.

Der Deutsche Luftschiffer-Verband.
Busley, I. Vorsitzender.

Einer der zahlreichen Spendenaufrufe nach dem Unglück von Echterdingen vom Deutschen Luftschiffer-Verband zum Wiederaufbau eines Zeppelin-Luftschiffes, 1908.

derbericht von den Ereignissen. Der Bericht endete mit einem schlichten, gleichwohl euphorischen: »Weiter!« Nach zwei weiteren Testfahrten waren die finanziellen Mittel jedoch vorerst aufgebraucht. Die Gesellschaft zur Förderung der Luftschiffahrt beschloß daher auf ihrer Generalversammlung am 15. November 1900 ihre Auflösung und Liquidation. Auch das von Graf von Zeppelin erhoffte Interesse von Seiten der Luftschiffer-Abteilung blieb aus. Um dennoch erneut Gelder für sein Luftschiff-Projekt zu bekommen, verschickte Graf von Zeppelin »Ein[en] Aufruf an Deutsche!« an ausgewählte Personen mit der Bitte um Spenden. Moedebeck veröffentlichte in der Juni-Ausgabe der Illustrierten Aeronautischen Mitteilungen ebenfalls den Spendenaufruf. Der Aufruf brachte dennoch nicht genügend ein. Erst eine durch das württembergische Königshaus initiierte Lotterie sowie vom Reichskanzler bereit gestelltes Geld ermöglichten schließlich den Bau eines neuen Luftschiffes. Nach einem abgebrochenen Aufstiegsversuch des neuen Luftschiffes LZ 2, am 30. November 1905, folgte ein neuer Versuch am Bodensee am 17. Januar 1906. Bei dieser zweiten Fahrt musste LZ 2 jedoch notlanden, es wurde abgetrieben und so schwer beschädigt, dass es abgewrackt werden musste. In Folge gelang es Graf von Zeppelin, zwei neue Lotterien genehmigt zu bekommen, sodass bereits am 9. Oktober 1906 LZ 3 seine erste Fahrt unternehmen konnte. Bei diesem Aufstieg war Moedebeck wieder anwesend und verfasste einen ausführlichen Bericht für die Oktober/November-Ausgabe der Illustrierten Aeronautischen Mitteilungen. Die Ergebnisse der Fahrt bewertete er als positiv, er schrieb: »Jeder Zuschauer verließ aber den Schauplatz mit sichtbarer

Befriedigung und mit dem Eindrucke, daß das Fahrzeug in bezug auf Stabilität und Lenkbarkeit nichts zu wünschen übrig ließ.« Den Aufstieg des Zeppelin-Luftschiffes LZ 4 am 14. Juli 1908 beobachte Moedebeck von einem Bodenseedampfer aus. An diesem Tag sollte LZ 4 zu einer 24-stündigen Dauerfahrt aufbrechen, um seine Leistungsfähigkeit zu beweisen. Moedebeck plante mit drei Kollegen ein Automobil anzumieten und LZ 4 hinterherzufahren. Die Anmietung für die geplanten zwei Tage hätte stattliche 300 Mark gekostet. Ob es dazu gekommen ist, ist nicht überliefert. Fest steht, dass die Luftschiff-Fahrt wegen eines Motorschadens abgebrochen werden musste. Ein weiterer Versuch am folgenden Tag scheiterte aufgrund einer Havarie beim Ausholen des Luftschiffes aus der Halle. Nach erfolgter Reparatur konnte LZ 4 am 4. August erneut zur Dauerfahrt starten. Die diesmal anfangs vielversprechend verlaufende Fahrt endete jedoch in einer Katastrophe. Bei einem Landemanöver in Echterdingen in der Nacht vom 4. zum 5. August misslang bei Sturm die Verankerung. Das steuerlose Luftschiff kollidierte mit einem Baum, fing Feuer und brannte völlig aus. Im Nachhinein brachte das Unglück die Wende für Graf von Zeppelin. Denn was nun folgte, war eine wahre Zeppelin-Euphorie. Neben Lotterien und Spendenaufrufen gab es auch eine grandiose Vermarktung unterschiedlicher Produkte mit dem Namen Zeppelin. Graf von Zeppelin und seine Luftschiffversuche waren in aller Munde, das dramatische Unglück, die emotionalen Aufrufe. Es wurde gesammelt, Devotionalien mit dem Luftschiff oder seinem Konterfei verkauft. Aufgrund dessen standen bald ausreichend finanzielle Mittel zur Verfügung, und so konnte noch 1908 mit dem Bau eines neuen Luftschiffes begonnen werden. Bereits am 26. Mai 1909 erfolgte die erste Fahrt. Diesmal war Moedebeck kein stiller Beobachter, sondern selbst mit an Bord. Er kam in den Genuß, an einer Fahrt teilnehmen zu dürfen. Die Fahrt mit LZ 5 muss für ihn etwas Besonderes und wohl auch Genugtuung gewesen sein, da er sich so lange für Graf von Zeppelin eingesetzt hatte. So schrieb er an Ella voller Begeisterung in einem Telegramm vom 26. Mai 1909: »soebn mit zeppelin im luftschiff gefahren entzueckend = hermann«. Bevor LZ 5 von dem Luftschiffer-Bataillon übernommen wurde, stattete es auf seiner Überführungsfahrt nach Berlin am 31. Juli 1909 der Internationalen Luftschiffahrt-Ausstellung in Frankfurt noch einen Besuch ab. Hier wurden Luftschiff und Besatzung begeistert empfangen.

Graf von Zeppelin war der erfolgreichste und populärste Luftschiffbauer. Seine Erfolge und auch Rückschläge machten den Namen Zeppelin zum Mythos und zum Synonym für alle Luftschifftypen.

Blatt Nr. 13.
3092
frau moedebeck berlin 86
martin lutherstr =
Telegraphie des Deutschen Reichs.
Berlin W, Haupt-Telegraphenamt.
Telegramm v friedrichshafen 14 6-20=
soebn mit zeppelin im luftschiff gefahren entzueckend = hermann .+

Moedebeck nahm am Erstaufstieg des Zeppelin-Luftschiffes LZ 5 am 26. Mai 1909 teil. Danach schickte er voller Begeisterung dieses Telegramm an Ella in Berlin.

ILLUSTRIERTE AERONAUTISCHE MITTEILUNGEN

Der Bezirkspräsident des Unter-Elsaß

Straßburg, den 13. August 1897.

Der Deutsche Verein zur Förderung der Luftschiffahrt gab ab 1882 eine eigene Vereinszeitschrift heraus, die monatlich erschien. Ab Ende 1890 erschien sie allerdings unregelmäßig, was viele Vereinsmitglieder bedauerten. Am 1. Februar 1888 wurde der Wiener Flugtechnische Verein gegründet, der die Zeitschrift als Vereinsorgan einführte und der später Mitherausgeber war. Dies entwickelte sich auf Betreiben von Moedebeck. Durch seine persönlichen Besuche in Wien baute er gute Beziehungen zu dem Verein auf. 1890 übernahm auch der Münchener Verein für Luftschiffahrt, der am 21. November 1889 gegründet wurde, die Zeitschrift für seine Mitglieder. 1896 folgte der Oberrheinische Verein für Luftschiffahrt. Das weiterhin unregelmässige Erscheinen der Zeitschrift führte jedoch immer häufiger zu Missmut, vor allem bei den Mitgliedern des Oberrheinischen Vereins für Luftschiffahrt und nicht zuletzt bei Moedebeck selbst. Als Konsequenz daraus entschloss er

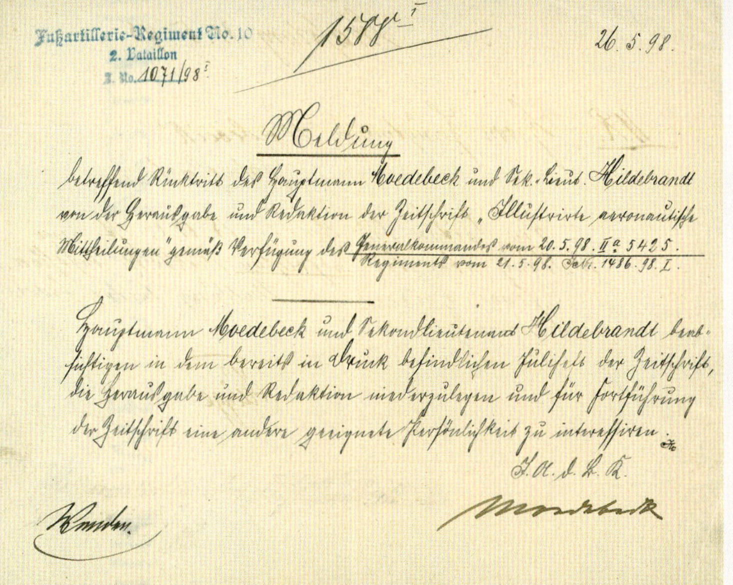

Fußartillerie-Regiment No. 10
2. Bataillon
J. No. 1071/98.

1588

26.5.98.

Meldung

betreffend Rücktritt des Hauptmann Moedebeck und Sek. Leut. Hildebrandt von der Herausgabe und Redaktion der Zeitschrift „Illustrirte aeronautische Mittheilungen" gemäß Verfügung des Generalkommandos vom 20.5.98. IIa 3425. Regiments vom 21.5.98. Abth. 1486.98. I.

Hauptmann Moedebeck und Sekondleutnant Hildebrandt beabsichtigen in dem bereits in Druck befindlichen Julihefte der Zeitschrift, die Herausgabe und Redaktion niederzulegen und für Fortführung der Zeitschrift eine andere geeignete Persönlichkeit zu interessiren.

Moedebeck

Eine von Moedebeck unterzeichnete Mitteilung, dass Hildebrandt und er von der weiteren Herausgabe und Redaktion der Illustrierten Aeronautischen Mitteilungen gemäß einer Verfügung des Generalkommandos vom 20. Mai 1898 absehen.

Bescheinigung des Bezirkspräsidenten des Unter-Elsaß Julius Max Freiherr von Freyberg-Eisenberg vom 13. August 1897, die Moedebeck autorisiert, für den Oberrheinischen Verein für Luftschiffahrt »eine Broschüre nicht politischen Inhalts« herauszugeben.

sich, eine eigene Luftfahrtzeitschrift herauszugeben. Die erste Ausgabe der Illustrierten Aeronautischen Mitteilungen des Oberrheinischen Vereins für Luftschiffahrt erschien in der zweiten Jahreshälfte 1897. Der rasche Erfolg der vierteljährlich erscheinenden Zeitschrift bewog Anfang 1898 den Münchener Verein für Luftschiffahrt, die Illustrierten Aeronautischen Mitteilungen als neues Vereinsorgan zu wählen. In einem Vorwort schrieben die verantwortlichen Redakteure Moedebeck und Leutenant Alfred Hildebrandt, das Ziel der Zeitschrift sei, »mit allem Nachdruck die Luftschiffahrt zu fördern«. Des Weiteren führten sie aus: »Ein derartiges Unternehmen vermag nur dann zu gedeihen und sein Ziel zu erreichen, wenn es von einem grossen gebildeten Leserkreise mit Wohlwollen aufgenommen wird.« Den Erfolg seiner Zeitschrift schrieb Moedebeck unter anderem der regelmäßigen Erscheinungsweise und der inhaltlich fundierten Themenvielfalt zu. Ein von ihm mit aufgebautes Netz von Kor-

Begründung für die Vergabe der Goldenen Medaille der Deutschen Sport-Ausstellung für die Illustrierten Aeronautischen Mitteilungen, 1899.

Goldene Medaille
auf der Deutschen Sport-Ausstellung
in MUENCHEN 1899
dem Begründer ertheilt.

Illustrirte Aëronautische Mittheilungen.

FACHZEITSCHRIFT

für alle Interessen der Flugtechnik mit ihren Hülfswissenschaften
für aëronautische Industrie und Unternehmungen.

Herausgegeben vom Münchener und Oberrheinischen Verein für Luftschiffahrt.

REDIGIRT VON

Dr. ROBERT EMDEN

Privatdocent an der Königl. Technischen Hochschule in München.

I. Die Tendenz der Illustrirten Aëronautischen Mittheilungen.

Die Illustrirten Aëronautischen Mittheilungen stellen sich die Aufgabe, ein Organ zu sein für alle Forschungen und Ereignisse auf dem Gebiete der Luftschiffahrt. Sie bieten einen klaren Ueberblick über die gesammte unablässig vorwärts strebende aëronautische Wissenschaft und Industrie, einen Schatz wichtiger, praktisch verwerthbarer Erfahrungen und vertreten überall die Interessen derjenigen, welche die Luftschiffahrt oder Flugtechnik betreiben.

Die von den Illustrirten Aëronautischen Mittheilungen gebrachten Aufsätze sind stets von Fachmännern geschrieben. Sie sind jedoch in den meisten Fällen in einer Form gehalten, dass sie auch von dem Nichtfachmann mit Interesse gelesen und verwerthet werden können. Der Umstand, dass dieselben ausschliesslich **Original-Artikel** der betreffenden Forscher und Gelehrten sind, mag dafür bürgen, dass sie an wissenschaftlichem Werthe keiner anderen Veröffentlichung nachstehen. Die Aufnahme erfolgt in **deutscher, englischer** und **französischer Sprache.**

II. Der Inhalt der Illustrirten Aëronautischen Mittheilungen.

Der reichhaltige Stoff umfasst folgende Gebiete:

Aërodynamik. — Aërostatik. — Aëronautik. — Aëron. Ausstellungen. — Ballonbau. — Ballonfahrten. — Ballonmaterial. — Ballonphotographie. —

16a/66

48

ILLUSTRIERTE AERONAUTISCHE MITTEILUNGEN
DEUTSCHE ZEITSCHRIFT FÜR LUFTSCHIFFAHRT
BEGRÜNDET IM JAHRE 1897 VON HERMANN W. L. MOEDEBECK

Halbmonatliche Fachzeitschrift
für alle Interessen der Flugtechnik mit ihren Hilfswissenschaften für aeronautische Industrie und Unternehmungen

Telegrammadresse: Autobraunbeck-Berlin

Chefredakteur: Dr. H. Elias
Verlag: Vereinigte Verlagsanstalten Gustav Braunbeck & Gutenberg-Druckerei A.-G., Berlin W. 35, Lützowstr. 105

Fernsprecher: Amt VI, 6636, 6637, 6638, 6639

ORGAN ALLER DEUTSCHEN LUFTSCHIFFERVEREINE UND DES WIENER FLUGTECHNISCHEN VEREINS

In dem Brief vom 26. Februar 1908 bemängelt Gustav Braunbeck, dass er noch keine Unterlagen über die Wirtschaftlichkeit der Illustrierten Aeronautischen Mitteilungen von Moedebeck erhalten hat.

Briefkopf der Redaktion der Illustrierten Aeronautischen Mitteilungen, um 1909.

respondenten im In- und Ausland lieferte Artikel zu interessanten luftfahrtspezifischen Themen aus der ganzen Welt. Bis 1901 konkurrierten die beiden Luftfahrtzeitschriften miteinander. Die Konkurrenzsituation endete erst, als die Illustrierten Aeronautischen Mitteilungen Vereinsorgan des Deutschen Vereins zur Förderung der Luftschiffahrt wurden, der Verein also die Herausgabe seiner eigenen Zeitschrift beendete. Ab 1901 entschieden sich auch der Wiener Flugtechnische Verein sowie weitere deutsche Luftschiffervereine für die Illustrierten Aeronautischen Mitteilungen als Vereinsorgan. Selbst der Deutsche Luftschiffer-Verband machte die Zeitschrift 1905 zu seinem Vereinsorgan.

Bereits auf der Deutschen Sport-Ausstellung 1899 in München wurden die Illustrierten Aeronautischen Mitteilungen für die ersten beiden Jahrgänge mit einer Goldenen Medaille ausgezeichnet. Darüber hinaus erhielt Moedebeck für den Jahrgang 1908 der Illustrierten Aeronautischen Mitteilungen den 1. Platz für Zeitschriften von der wissenschaftlichen Kommission der Internationalen Luftfahrt-Ausstellung (ILA) in Frankfurt am Main 1909 mit einem Preisgeld in Höhe von 300 Mark verliehen.

In den insgesamt 13 Jahren, die Moedebeck verantwortlich das Erscheinen der Illustrierten Aeronautischen Mitteilungen begleitete, erlebte er einige Veränderungen sowie diverse Höhen und Tiefen. Auch Streitigkeiten blieben nicht aus, wie zum Beispiel über nicht pünktlich verschickte Ausgaben durch die Druckereien oder ausbleibende zugesagte Artikel. Daneben kam es hin und wieder auch zu Beschwerden, wie zum Beispiel vom Ostdeutschen Verein für Luftschiffahrt, dem unter anderem die Kosten für die Zeitschrift zu hoch, die Vereinsmitteilungen zu unübersichtlich und der Inhalt zu fachwissenschaftlich war. Im Mai 1898 mussten Moedebeck und Hildebrandt die Redaktion der Zeitschrift niederlegen. Dies geschah auf Veranlassung ihrer Vorgesetzten aus, so wörtlich: »prinzipiellen Gründen«, zu denen jedoch nichts überliefert ist. Danach lag die Redaktion wechselnd bei verschiedenen Personen. Bis 1910 gab es sechs Redakteure. Moedebeck fungierte allerdings weiterhin als Spiritus Rector, Herausgeber und schrieb viele Artikel. Auch übersetzte er fremdsprachliche Beiträge, insbesondere aus dem Englischen und Französischen, für die Zeitschrift ins Deutsche. Die anfänglich vierteljährliche Erscheinungsweise wurde 1903 auf einen monatlichen und ab 1908 sogar auf einen 14-tägigen Turnus erhöht. Die beiden Hauptgründe für diese kürzere Herausgabefolge waren die immer häufiger anfallenden Vereinsmitteilungen und der Druck, der von zwei Vereinsgründungen ausging. Die am 31. August 1906 in Berlin gegründete Motorluftschiff-Studiengesellschaft m.b.H. war ebenso auf der Suche nach einem Vereinsorgan wie der am 21. Dezember 1907 gegründete Deutsche Aero-Club, kurze Zeit später in Kaiserlicher Aero-Club umbenannt. Besonders die Mitglieder des Aero-Clubs wünschten eine 14-tägige Erscheinungsweise. Zur Debatte standen die Illustrierten Aeronautischen Mitteilungen oder, so gingen erste Gerüchte, eine gänzlich neue Zeitschrift aus einem renommierten Verlagshaus. Dies wurde zur existentiell bedrohlichen Situation für die Illustrierten Aeronautischen Mitteilungen, die dann auch 1908 die gravierenste Veränderung mit sich bringen sollte, nämlich den Wechsel zu den Vereinigten Verlagsanstalten Gustav Braunbeck & Gutenberg-Druckerei AG. Gustav Braunbeck war ein äußerst geschäftstüchtiger und erfolgreicher Verleger. Sein Verlag war der führende für aktuelle Veröffentlichungen auf dem Gebiet

Berlin W. 35, den 26. Februar 1908.
Lützowstrasse 105

Herrn Kriegsgerichtsrat B e c k e r ,

S t r a s s b u r g/E

Sehr geehrter Herr Rat!

Für Ihre gesch. Zeilen vom 24. cr. danke ich Ihnen zunächst und freute mich, dass Sie in der Angelegenheit des Schnauferl-Clubs ganz meiner Ansicht sind.

Was nun die Ballonverfolgung anbelangt, so stehe ich vollständig auf Ihrem Standpunkt, dass mit einer hübschen Plaquette, die nicht sehr viel kostet, derselbe Zweck erreicht wird als mit grossen Pokalen; ausserdem kann ja schliesslich doch ein Becher in irgend einer Weise zur Verteilung gelangen. Sie werden die Sache schon mit den Herren in Strassburg deichseln. Da Sie die Angelegenheit der J.A.M. interessiert, will ich Sie auf dem Laufenden halten wie weit dieselbe bis jetzt gediehen ist.

Herr Oberstleutnant M ö d e b e c k war seit unserer letzten Besprechung in Strassburg hier und bat ich ihn, da er persönlich nicht bei mir vorkommen konnte, telefonisch, er möge die Liebenswürdigkeit haben und mir die Unterlagen geben, die notwendig sind, um sie meinem Aufsichtsrat vorlegen zu können.
Leider konnte ich aber bis zum heutigen Tage dieselben nicht erhalten und so tappe ich immer noch im Ungewissen herum, über die Auflage,

Ich will Ihnen nicht verhehlen, dass auch hier verschiedene hervorragende Mitglieder des Luftschiffer-Vereins, wie von dem neubegründeten Aero-Club ein lebhaftes Interesse daran haben, dass mein Verlag eine erstklassige actuelle Zeitung herausbringt, so wäre es zu wünschen, dass sich Herr Oberstleutnant Mödebeck über die fragl. Punkte äussert und zwar recht bald, da ich sonst befürchte, dass eben eine neue Zeitung ins Leben tritt, die geeignet ist, den J.A.M. ganz empfindlich zu schädigen.

Dass mein Verlag reelle Absichten hat, die Zeitung zu erwerben, wird wohl selbst Herr Obersleutnant Moedebeck einsehen, aber, dass wir auch ohne den Erwerb der J.A.M. etwas Erstklassiges herausbringen können, werden Sie mir zugeben.

der Motorisierung und Motorsportarten. Ende des Jahres 1907 verdichteten sich die Hinweise darauf, dass Braunbeck gewillt war, eine eigene Luftfahrtzeitschrift herauszugeben, sofern er die Illustrierten Aeronautischen Mitteilungen nicht übernehmen konnte. Die ersten konkreten Informationen dazu erhielt Moedebeck von seinem damaligen Chefredakteur Dr. Hermann Elias, der ihm in einem Brief mitteilte, dass Braunbeck ernsthaft für eine Vereinszeitschrift einen Luftfahrt-Fachmann als Redakteur suche. Elias machte weiter klar, dass die Illustrierten Aeronautischen Mitteilungen neben einer neuen, thematisch gleichen Publikation aus dem Hause Braunbeck kaum Chancen auf weiteres Bestehen hätten. Er riet Moedebeck daher, die Zeitschrift an Braunbeck zu verkaufen, damit sie unter neuem Verlagsdach weiter Bestand hätte, um den Namen der Zeitschrift und damit sein Werk zu retten. Ähnlich sah es auch Moedebecks langjähriger Wegbegleiter Hildebrandt, der ihm neben Neujahrswünschen für 1908 den eindringlichen Rat schickte, die Illustrierten Aeronautischen Mitteilungen zu verkaufen, da Braunbeck ein »gefährlicher Konkurrent« sei. Der Geschäftsführer der Motorluftschiff-Studiengesellschaft m.b.H. war Hauptmann a. D. Richard von Kehler. In dieser Funktion schrieb er im Dezember 1907 an Moedebeck und wies ihn ebenfalls darauf hin, dass Braunbeck überlege, eine Luftfahrtzeitschrift in 14-tägiger Erscheinungsform herauszubringen. Auch er riet Moedebeck, Kontakt zu Braunbeck aufzunehmen, um eine Einigung zu erzielen. Braunbeck selbst

MOTORLUFTSCHIFF-STUDIENGESELLSCHAFT m. b. H.

M. St. G. No. 5267.

Zur Vermeidung von Verzögerungen wird ersucht, der Antwort den obigen Vermerk beizufügen.

Fernsprecher: Amt Reinickendorf No. 175.

Geschäftszeit: 9 bis 4 Uhr.

BERLIN-REINICKENDORF (WEST), den 17. Dezember 07.
Spandauer Weg.

Herrn

Oberstleutnant H. M o e d e b e c k
Hochwohlgeboren

S t r a s s b u r g i/E.

Sehr verehrter Herr Oberstleutnant !

Besten Dank sage ich Ihnen für die Uebersendung des Aufnahmegesuches und des Aufsatzes über die Luftsprache, sowie für Ihren Brief.

Leider kann ich auch jetzt noch nicht in Aussicht stellen, dass die Jllustrierten Aeronautischen Mitteilungen als Organ gewählt werden.

Der Verlag der Allgemeinen Automobil-Zeitung will ebenfalls die grössesten Anstrengungen machen, um eine Luftschiffer-Zeitung zu gründen, die mindestens alle 14 Tage erscheinen soll.

Wäre es nicht möglich, dass Sie mit dem Verlag Braunbeck in Verbindung träten und auf irgend eine Weise eine Einigung erzielten?. Es ist zu bedenken, dass dieser Verlag sehr

sehr kapitalkräftig und unternehmend ist, und dass er durch die anderen bei ihm erscheinenden Zeitschriften eine ausserordentlich verbreitete Kundschaft von Inserenten hat, von denen auch eine dort neu erscheinende Luftschifferzeitung reichlich Inserate erhalten würde. Die Photographen, die er überall in der Welt sitzen hat, haben auch bisher schon in luftschifferischer Beziehung die Allgemeine Automobil-Zeitung sehr gut und sehr schnell bedient. Wenn man sich hierzu die vorzüglichen Mitarbeiter der Illustrierten Aeronautischen Mitteilungen denkt, so müsste die Zeitschrift hervorragend werden. Ich kann natürlich nicht beurteilen, ob es Ihnen möglich sein würde, den Verleger zu tauschen; wenn es aber erreichbar ist, so halte ich es für sehr vorteilhaft und wünschenswert.

◀ Der Geschäftsführer der Motorluftschiff-Studiengesellschaft m.b.H. Hauptmann a.D. Richard von Kehler empfahl Moedebeck bereits früh, er möge mit Gustav Braunbeck in Kontakt treten, um eine Konkurrenzsituation zweier Luftfahrtzeitschriften zu vermeiden.

▲ Oberer Teil eines Deckblattes der Zeitschrift Luftflotte, die Moedebeck seit 1908 herausgab und redaktionell betreute.

ließ keinen Zweifel daran, im Falle eines nicht zustande kommenden Verkaufs der Illustrierten Aeronautischen Mitteilungen an seinen Verlag eine eigene Zeitschrift zu etablieren. Moedebeck muss es schwer gefallen sein, sich mit dem Gedanken eines Verkaufs der Zeitschrift an Braunbeck anzufreunden. Gleichwohl trat er Anfang des Jahres 1908 in Kontakt mit Braunbeck und traf sich mit ihm. Letztendlich wird er eingesehen haben, dass er mittelfristig keine Chance gegen eine Konkurrenzzeitschrift aus dem Braunbeck Verlag gehabt hätte. Für die Vertragsverhandlungen engagierte er Rechtsanwalt Dr. A. Eschenbach, der Syndikus beim Berliner Verein für Luftschiffahrt und beim Deutschen Luftschiffer-Verband war. Die Vertragsentwürfe gingen zwischen Braunbeck und Moedebeck mehrmals hin und her, bis sie sich endlich einigen konnten. Moedebeck würde Herausgeber bleiben, die Zeitschrift ihren Namen behalten. Zur endgültigen Vertragsunterzeichnung kam es erst am 23. Dezember 1908. Der Vertrag war rückwirkend zum 1. Januar des Jahres wirksam. In einem Brief vom Dezember 1909 an den französischen Ingenieur und Luftschiffer Georges Espitallier merkte Moedebeck kritisch an, dass seine Illustrierten Aeronautischen Mitteilungen seit den Verkaufsverhandlungen »auch immer mehr den Charakter eines Sportblattes« bekämen. In ihren Lebenserinnerungen schrieb Ella davon, dass Moedebeck bei den Verkaufsverhandlungen benachteiligt wurde. Konkret wird sie nicht, gleichwohl stellt sie fest, dass er kein Kaufmann gewesen sei.

In diesen Zusammenhang dürfte auch seine Idee Anfang des Jahres 1908, also kurz vor den Verkaufsverhandlungen, gefallen sein, mehr Käufer für die Illustrierten Aeronautischen Mitteilungen zu gewinnen, um die finanzielle Basis zu verbessern. Da die Zeitschrift bis dato nicht frei verkäuflich und ausschließlich in vereinsgebunden Luftfahrerkreisen bekannt war, schwebte Moedebeck ein Verkauf an Zeitungskiosken und auf Bahnhöfen vor. Zur Umsetzung seiner Idee kam es nicht, weil sein damaliger Verlag keine Chance für den Verkauf einer solch fachspezifischen Zeitschrift dort sah.

Ab 1908 gab Moedebeck außerdem noch die Zeitschrift Luftflotte heraus und verantwortete deren Redaktion. Für diese Tätigkeit erhielt er monatlich 300 Mark. Die Zeitschrift war das Vereinsorgan des 1908 gegründeten Deutschen Luftflotten-Vereins. Die Luftflotte erschien monatlich ebenfalls im Gustav Braunbeck Verlag. Moedebeck engagierte sich auch im Deutschen Luftflotten-Verein. Er war Gründungsmitglied und Vorsitzender der Provinzialgruppe Brandenburg, die am 3. September 1908 gegründet wurde.

Die Illustrierten Aeronautischen Mitteilungen bestanden unter mehreren Titeländerungen bzw. -zusätzen bis 1944 fort.

LUFTSCHIFFER-KARTEN

Moedebeck gilt als »Vater« der heutigen Fliegerkarten. Er war der erste, der bereits 1888 die Herstellung von speziellen Luftschifferkarten anregte. Seine eigenen Ballonfahrten, die er ab 1884 unternahm, ließen die Erkenntnis in ihm reifen, dass es spezieller Karten für Luftfahrer bedürfte, um möglichst sicher fahren zu können. Er dachte zunächst an die Angabe von markanten Landmarken wie hohe Felsen oder an Hindernisse wie Schornsteine, Kirchtürme etc. Des Weiteren sollten auch vorgeschriebene Luftwege und Landemöglichkeiten in die Karten eingezeichnet werden. Seine Überlegungen dazu stellte Moedebeck erstmals 1888 in seinem Aufsatz »Über das Landen mit Ballons« in der Zeitschrift des Deutschen Vereins zur Förderung der Luftschiffahrt vor. Im Laufe der Zeit konkretisierte Moedebeck seine Vorstellungen, wie die Karten seiner Meinung nach aussehen müssten. Er forderte, dass die luftfahrtspezifischen Angaben vom übrigen Kartenbild derart hervorgehoben sein müssten, dass sie auf einen Blick eine sofortige Orientierung ermöglichten. Dies wäre beispielsweise notwendig, wenn ein Wolkenloch kurz den Blick auf ein kleines Stück Erdoberfläche frei geben würde. Die Verwirklichung solch spezieller Luftschifferkarten wurde zunehmend zu einer seiner vordringlichen Aufgaben. Er erkannte jedoch schnell, dass die Herstellung solch eines eigenen Kartenwerks zu kostspielig wäre und damit nicht umsetzbar. Als realistisch schätzte er dagegen die Nutzung einer der vorhandenen Kartenserien als Grundkarte ein, auf die lediglich die speziellen Angaben ergänzt und aufgedruckt werden müssten.

Moedebeck stieß mit seiner Idee einer Luftschifferkarte auf reges Interesse. Allerdings führten die Auswahl eines Maßstabes sowie die Fragen über Art und Abstand der Höhenschichten zu heftigen Meinungsverschiedenheiten. Die Differenzen resultierten aus den unterschiedlichen Flughöhen, die Ballone einerseits und Luftschiffe sowie Flugapparate andererseits nutzten. Zu der Zeit befanden sich die beiden letztgenannten Fahrzeuge in niedrigeren Höhen als Ballone. So forderte Graf von Zeppelin durch verschiedene Farben getrennte Höhenschichten in 100 Metern Abstand, was Moedebeck für nicht realisierbar hielt. Die Ballonfahrer hingegen zogen größere Abstände der Schichten

MOEDEBECK
OBERSTLEUTNANT z. D.
PRÄSIDENT DER
INTERNATIONALEN KOMMISSION
FÜR LUFTSCHIFFERKARTEN

BERLIN W. 30, DEN 21. septembre 1909
MARTIN-LUTHER-STR. 86
FERNSPRECHAMT VI, 1575

Mon cher collègue,

Comme collaborateur du Règlement de F. A. J. je vous prie de bien vouloir prendre part à la séance préparatoire à Zürich le 29 septembre à 9 heures du matin dans la salle de conférence de l'hôtel Baur au Lac.

Veuillez bien, Monsieur, agréer l'expression de mes sentiments très distingués.

Moedebeck

In seiner Funktion als Präsident der Internationalen Kommission für Luftschifferkarten lud Moedebeck zu einer Vorbereitungssitzung für die Konferenz der Fédération Aéronautique Internationale ein, die vom 30. September bis 1. Oktober 1909 in Zürich stattfand.

vor. Ebenso problematisch verhielt es sich beim Ansetzen des Maßstabes. Während die Führer von Luftschiffen einen Kartenmaßstab von 1:200 000 forderten, bevorzugten die Ballonfahrer den Maßstab 1:300 000.

Nichsdestotrotz bildete sich innerhalb des Deutschen Luftschiffer-Verbandes 1907 eine Kommission für Luftschifferkarten, deren Präsident Moedebeck wurde. Auch international gab es inzwischen Bestrebungen, spezielle Luftschifferkarten anzufertigen. Anlässlich einer Tagung der Fédération Aéronautique Internationale (FAI) im September 1907 in Brüssel kam es zur Gründung der Internationalen Kommission für Luftschifferkarten, als deren erster Präsident kein anderer als Moedebeck gewählt wurde. Das Amt hatte er bis zu seinem Tode inne.

Seit 1907 erkundeten Mitglieder der deutschen Kartenkommission der örtlichen Luftschiffervereine die umliegenden Gegenden nach luftschifferrelevanten Gegebenheiten. Dies geschah ehrenamtlich und in mühseliger Kleinarbeit. Für die freiwillige Mitarbeit warb Moedebeck unentwegt. Nicht alle landschaftlichen Besonderheiten, die berichtet wurden, waren allerdings verwendbar, sodass Moedebeck oft viel Mühe mit der Klärung von fraglichen Sachverhalten hatte.

Anfang September 1909, zwei Jahre nach der Gründung der nationalen Luftschiffkarten-Kommission, war das erste Probekartenblatt fertig gestellt. Es handelte sich dabei um die Region »Cöln« im Maßstab 1:300 000. Auf dem Deutschen Luftschiffertag in Frankfurt am Main

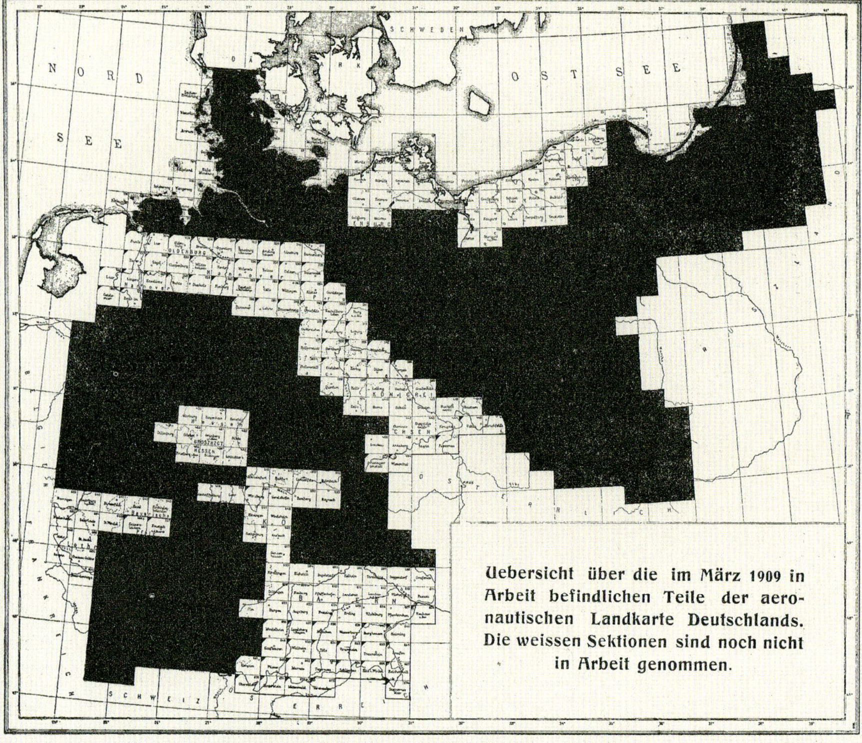

Aeronautische Signaturen.

Zeichen	Bedeutung	Zeichen	Bedeutung
	Sitz eines Luftschiffervereins		Turm, Feuer weiß-rot, Wechsel gleichmäßig
	Sitz einer Ortsgruppe des Luftflotten- od. Motorluftschiff-Vereins		„ Feuer weiß-grün mit Gruppen von 2 Wechsel
	Sitz eines aerologischen Observatoriums		„ weißes Blinkfeuer
	Sitz eines flugtechnischen Vereins	4	„ „ Blitzfeuer, Gruppen zu 4 Blitzen
	Luftschiffhafen bezw. Flugplatz	3 2	„ „ Mischfeuer mit 3 Blitzen und 2 Blinken
400	Gasometer 40000 cbm Leuchtgas		„ „ und rotes Mischfeuer
6H	„ 600 „ Wasserstoffgas		„ Blinken mit Scheinen, weiß
8W	„ 800 „ Wassergas		„ „ aus schwachem Licht mit Scheinen, weiß
	Turm über 100 m		Raketen
	Kirchturm über 100 m		Knallpatronen
	Gefährliches Landungsgelände		Trompeten-Signale
	Drahtseil- bezw. Schwebe-Bahnen		Feuerschiff mit 2 weißen u. 1 roten Festfeuer
	Niederspannungsleitung, Verteiler-Zentrale		Glockentonnen-Signale
	Hochspannungsleitung, Elektr. Zentrale		Heultonnen „
	Bahnhof		Glocken „
	Hochofen		Gong „
	Turm od. Bake, weißes Festfeuer		Tamtam „
	„ „ „ rotes „		Trommel „
	„ „ „ grünes „		Triangel „
	„ weißes Feuer, gleichmäßig unterbrochen		Sirenen „
2	„ rotes Feuer, in Gruppen von 2 Unterbrechungen		Pfeifen „
3	„ grünes Feuer, in Gruppen von 3 Unterbrechungen		Windschutz gegen Nord- und Ostwind

Aufteilung des Deutschen Reichs in Sektionen. Im März 1909 befanden sich die schwarz gekennzeichneten Sektionen in Bearbeitung.

Aeronautische Signaturen, veröffentlicht in den Illustrierten Aeronautischen Mitteilungen, Heft 6, 1909.

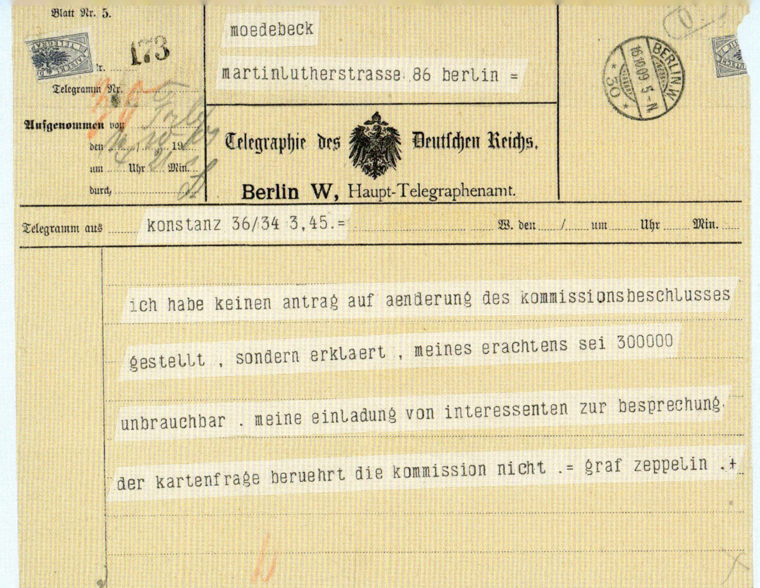
Blatt Nr. 5.

173

Telegramm Nr.

Aufgenommen von
den 19.
um Uhr Min.
durch

moedebeck
martinlutherstrasse 86 berlin =

Telegraphie des Deutschen Reichs.
Berlin W, Haupt-Telegraphenamt.

Telegramm aus konstanz 36/34 3,45.= W. den / um Uhr Min.

ich habe keinen antrag auf aenderung des kommissionsbeschlusses
gestellt , sondern erklaert , meines erachtens sei 300000
unbrauchbar . meine einladung von interessenten zur besprechung
der kartenfrage beruehrt die kommission nicht .= graf zeppelin .+

C. 187.

Im Streit um den zu verwendenden Maßstab für die Luftschifferkarten hatte Graf von Zeppelin für den 27. November 1909 zu einer Besprechung nach Berlin geladen. In diesem Telegramm an Moedebeck rechtfertigt Graf von Zeppelin jene Besprechung.

am 18. September des Jahres stellte Moedebeck das Probeblatt den Mitgliedern vor, die einstimmig dessen Herstellung in dem Maßstab beschlossen. Um die Finanzierung zu sichern, hoffte der Luftschiffer-Verband darauf, dass auch die Luftschiffer-Abteilung solch spezielle Karten benötigen würde. Jedoch erfüllte sich diese Hoffnung nicht, da der Kommandeur des Luftschiffer-Bataillons Major Groß die Verwendung ablehnte. Damit entfiel eine finanzielle staatliche Unterstützung. Der Luftschiffer-Verband hätte nun die Kosten für die Herstellung selbst tragen müssen.

Das mit viel Elan und vielversprechend begonnene Projekt scheiterte letztlich 1910. Die drei Gründe, die zum Scheitern führten, waren zum einen die erneute Intervention des Grafen von Zeppelin, der versuchte, den Maßstab der Karten auf 1:200 000 abzuändern. Bei einer vom Grafen einberufenen Besprechung am 27. November 1909 in Berlin, bei der neun Stunden diskutiert und gestritten wurde, konnte keine Einigung erzielt werden.

Des Weiteren übertrafen die endgültigen Herstellungskosten den Finanzierungsplan Moedebecks bei Weitem. Und schließlich riss 1910 der plötzliche Tod Moedebecks, der sich so tatkräftig für die Idee der Luftschifferkarten eingesetzt hatte, eine große Lücke.

Der Vorstand des Deutschen Luftschiffer-Verbandes entband die Kartenkommission von ihrem Auftrag und stellte die Arbeiten an den Luftschifferkarten nach Fertigstellung der Karte von Berlin ein.

DAS GORDON-BENNETT-RENNEN DER LÜFTE 1908

Unter der Überschrift »Der Ballonsport in Deutschland und der Gordon-Bennett-Preis« in der Kölnischen Zeitung vom 22. Januar 1907 monierte ein namentlich nicht genannter Kenner der deutschen Luftfahrtszene den damaligen Zustand des Ballonsports in Deutschland. Der Tenor des Artikels sowie die Detailkenntnis sprechen für Moedebeck als Autor, der des Öfteren für diese Zeitung schrieb.

Hintergrund des Artikels war das schlechte Abschneiden der drei deutschen Teilnehmer an dem ersten Gordon-Bennett-Rennen 1906 in Paris. Der Preis wurde von dem in Paris lebenden amerikanischen Verleger und Herausgeber der New York Herald, James Gordon Bennett, gestiftet.

Gewinner des ersten Rennens war der amerikanische Kavallerieleutnant Frank P. Lahm. »Ein junger Neuling in der Ballonführung«, so der Verfasser des Artikels, »hatte durch seinen Schneid dem alten Europa mit seinen zahlreichen, erfahrenen und berühmten Ballonführern den Preis entrissen.« Lahm legte mit seinem Ballon »United States« in etwas mehr als 22 Stunden eine Strecke von 647,78 Kilometern zurück.

Oscar Erbslöh, Gordon-Bennett-Rennen Gewinner 1907 in St. Louis. Humorvolle Anmerkung »Hahn im Korbe« von Dr. Carl Schleiffarth, einem Vetter Moedebecks, der in St. Louis lebte. Er war u. a. Korrespondent für die Illustrierten Aeronautischen Mitteilungen und versorgte Moedebeck darüber hinaus mit allerlei luftfahrtrelevanten Informationen von dort.

Sieben der 16 Teilnehmer, die aus unterschiedlichsten Ländern stammten, überquerten immerhin mutig den Ärmelkanal, während nur ein einziger deutscher Ballon den Kanal überhaupt erreichte. Die anderen beiden deutschen Ballone landeten bereits vorher. Damit schnitt Deutschland im Vergleich mit den anderen Nationen am schlechtesten ab.

Als Hauptgrund für die unbefriedigenden Ergebnisse machte der Verfasser das wenig verbreitete Wissen um den Ballonsport in der Bevölkerung aus. Deutschlandweit gab es 1907 nur zehn Luftschiffer-Vereine mit knapp 3000 Mitgliedern. »Der Ballonsport ist anspruchsvoll und verlangt von den Interessierten«, so der Verfasser, »nicht nur Kühnheit und Entschlossenheit, verbunden mit einer handwerksmäßigen Technik, sondern viel mehr noch auch Wissen und Intelligenz.«

Als weitere Erschwernis führte er die hohen Beschaffungs- und Unterhaltungskosten für einen Ballon an. Ein Ballon einschließlich Zubehör kostete je nach Größe und Ausführung zwischen 1389 und 8930 Mark, was sehr viel Geld war. Im Gegensatz zu anderen Luftfahrernationen befand sich in der Zeit in Deutschland nur ein einziger Ballon im Privatbesitz, alle anderen waren im Besitz der Luftschiffervereine. Ein erster Schritt zur Beseitigung dieser Mängel war die Gründung einer Sportkommission innerhalb des Deutschen Luftschiffer-Verbandes im Oktober 1906. Der Kommission gehörten namhafte Förderer des Luftschiffergedankens an.

▼ **Soldaten beim Kleben der Reißbahn eines Ballons. Die Reißbahn wird nach der Landung aufgerissen, um den Ballon schnell zu entleeren. Im Hintergrund sind ein Verkaufskiosk und die Materialkammer der deutschen Delegation zu erkennen, 1908.**

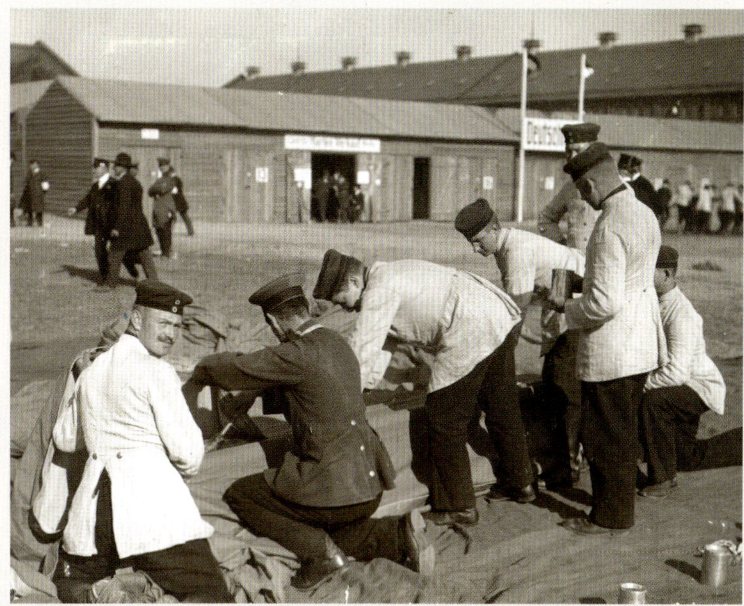

Das Foto zeigt den Ballonplatz anlässlich des Gordon-Bennett-Rennens am 10. Oktober 1908 in Berlin-Schmargendorf. Das Foto wurde von der Tribüne B aufgenommen und zeigt rechts die Hof- und Fürstenloge. Vorn links sind zwei Sanitäter und drei Restaurantangestellte im Bild. Die Aufnahme entstand während der Startphase der Ballone. Zu sehen sind die Ballone »Köln«, »Graudenz« und »Hewald« (v. l. n. r.), im Hintergrund ist die Gasanstalt.

Das Erkennen der Mängel und die von den Luftschiffervereinen unternommenen Schritte zeigten in den darauffolgenden Monaten durchschlagende Wirkung. Das Gordon-Bennett-Rennen im Jahr 1907 fand in St. Louis in den USA statt. Nach dem Regelwerk erfolgte der Start im kommenden Jahr jeweils im Land des Vorjahressiegers.

Der Deutsche Luftschiffer-Verband war mit drei Ballonen vertreten, der höchstmöglichen Teilnehmerzahl pro Nation. Der deutsche Oscar Erbslöh aus Elberfeld (heute Wuppertal) legte mit dem Ballon »Pommern« in 40 Stunden eine Strecke von 1 403,55 Kilometern zurück und gewann damit das Gordon-Bennett-Rennen.

Animiert durch den deutschen Erfolg stieg die Zahl der Vereine und seiner Mitglieder so stark an, dass der Deutsche Luftschiffer-Verband 1908 bereits 25 Vereine mit über 10 000 Mitgliedern vermelden konnte.

Da 1907 ein deutscher Ballonfahrer das Rennen gewonnen hatte, musste das im kommenden Jahr stattfindende Rennen in Deutschland ausgetragen werden. Als Austra-

Berliner Verein für Luftschiffahrt

Eingetragener Verein.

Fernsprecher:
Amt Wilmersdorf A. 3560
Telegramm-Adresse:
Luftschiff, Berlin.

Geschäftsstelle:
Berlin-Wilmersdorf,
Xantenerstraße 8, den 10. Juli 1908

Euer Hochwohlgeboren

gestattet sich der unterzeichnete Vorsitzende des Organisations- Ausschusses für das

G O R D O N- B E N N E T - R E N N E N der L U E F T E

ganz ergebenst mitzuteilen, dass Euer Hochwohlgeboren in der vorgestrigen Ausschuss- Sitzung als Mitglied desselben cooptiert worden sind.

Jch gebe mich der angenehmen Hoffnung hin, von Euer Hochwohlgeboren eine zusagende Antwort über die Annahme dieser Wahl zu erhalten, worauf Jhnen sogleich die Abschrift des Sitzungsprotokolls, desgleichen der polizeilichen Genehmigung & des mit den Generalunternehmern, Firma Robert BEGER G.m.b.H. - Hamburg 8, Brandstwiete 29 abgeschlossenen Vertrages über die Errichtung verschiedener Baulichkeiten zugehen wird.

Hochachtungsvoll

Busley

15178

Der Organisationsvorsitzende des Gordon-Bennett-Rennens Carl Busley teilt Moedebeck mit, dass dieser in den Ausschuss gewählt wurde.

gungsort wurde Berlin gewählt. Der Deutsche Luftschiffer-Verband als Veranstalter übertrug die Organisation und Durchführung dem Berliner Verein für Luftschiffahrt. Die Sportkommission sowie der extra gegründete Organisationsausschuss hatten ein immenses Pensum zu bewältigen. Beiden Ausschüssen gehörte Moedebeck an. Zu den Aufgaben gehörte es unter anderem, ein geeignetes Gelände zu finden, das den vielfältigen Anforderungen einer solchen Veranstaltung entsprach. Die Verantwortlichen entschieden sich für das seit 1907 für Ballonaufstiege bereits vom Berliner Verein für Luftschiffahrt genutzte Gelände der Gasanstalt in Berlin-Schmargendorf. Im Juni 1908 erhielt der Berliner Verein für Luftschiffahrt die polizeiliche Genehmigung für die Nutzung des Terrains. Die Absperrung des Geländes, den Aufbau von Tribünen, Ballonschuppen etc. sowie die Verpachtung von Restaurationsräumen und die Vermarktung der Veranstaltung vergab der Verein an einen Generalunternehmer, die Hamburger Firma Robert Berger G.m.b.H.

Als Termine für das Rennen wurden der 10. und 11. Oktober festgelegt. Um die Infrastruktur zu nutzen und das Rennen für die deutschen Luftschiffervereine attraktiv zu gestalten, sollte am ersten Tag eine Dauerfahrt und am darauffolgenden das Gordon-Bennett-Rennen stattfinden. Da sich für die Dauerfahrt, bei der es keine Teilnehmerbegrenzung nach Nationalitäten gab, nur wenige deutsche Vereine meldeten, entschloss sich der Berliner Verein für Luftschiffahrt »im Interesse des nationalen Ansehens«, das Rennen um eine Zielfahrt, an der auch ältere Ballone teilnehmen konnten, zu erweitern. Weil jede Nation natürlich gewinnen wollte, schickte sie wenn möglich nur die neuesten und modernsten Ballone zur Wettfahrt.

Aufgrund der zahlreichen Anmeldungen wurde der Entschluss gefasst, das Rennen um einen dritten Tag zu erweitern.

Der Firma Berger als Generalunternehmer stand das Gelände ab 1. August zur Verfügung. Damit konnte die Bautätigkeit beginnen. Außer dem einzuzäunenden Ballonplatz wurden vier Tribünen mit insgesamt 20000 nummerierten Sitzplätzen sowie eine Hof- und Fürstenloge, zwei Musikpavillons, Wirtschaftsgebäude, eine Kantine, Toiletten, verschließbare Ballonmaterialkammern und eine Ballonmaterialhalle mit zusätzlichen Räumen errichtet. In diesen Räumen waren Sanitäter, Presse, Post und Telegrafie und die Direktion der Veranstaltung untergebracht. Die Fertigstellung der Gebäude auf dem Gelände zog sich bis Anfang Oktober hin.

Das weiträumig abgesperrte Gelände erhielt drei Eingänge, von denen einer ausschließlich Fußgängern vorbehalten war, während die zwei anderen auch als Fuhrwerk- und Automobilzufahrt dienten. Genügend Abstellplätze waren vorhanden. Ein Pendelverkehr von Kraftomnibussen am Sonntag, dem Tag des Gordon-Bennett-Rennens, vom Brandenburger und Halleschen Tor zum Aufstiegsgelände wurde eingerichtet. Kurzum: alles war auf einen großen Besucheransturm ausgelegt. Die Erwartungen erfüllten sich letztlich jedoch nicht ganz, »der Massenbesuch Groß-Berlins« blieb aus. Grund dafür mögen die hohen Eintrittspreise gewesen sein. Die Preise für einen Tribünenplatz lagen zwischen vier Mark – was in etwa einem heutigen Wert von 32 Euro entspricht – und 18 Mark. Das durchschnittliche Bruttoeinkommen lag pro Monat bei ungefähr 90 Mark. Für einen der circa 100000 Stehplätze vor den Tribünen mussten Erwachsene zwei und Kinder eine Mark zahlen. Trotzdem zählten

Luftschiffer-Bataillon. Berlin, den 1. Oktober 1908.
Sect. I J. Nr. 5143/08. (Postamt Reinickendorf-West).

An
den Berliner Verein für Luftschiffahrt
(E. V.)
B e r l i n / Wilmersdorf.
****
Xantenerstr. 8.

Gegen die leihweise Ueberlassung von
3 Füllschläuchen,
3 Fülltüllen,
3 Ventilatoren,
3 Klebetischen,
3 Klebewalzen,
ist nichts einzuwenden und können diese Materialien am 8. ds. vom Bataillon abgeholt werden.

Wenn auch für den 3. Tag (12/10.) ein großer Teil der Unteroffiziere und Mannschaften zum Fertigmachen der Ballone gestellt werden können, so läßt sich doch jetzt bereits übersehen, daß die ganze angeforderte Zahl von 23 Unteroffizieren 105 Mann nicht verfügbar gemacht werden kann, da sonst der Dienst des Bataillons, der

15/34

der bereits am 10. 10. ausfallen muß, auch am Montag ausgesetzt werden müßte. Der Verein wird also an diesem Tage etwa mit der Gestellung von 15 Unteroffizieren und 90 Mann rechnen können.

Für Sonntag, den 11/10. werden 3 Unteroffiziere 16 Mann, die mit dem Kleben der Ballone Bescheid wissen, um 7 Uhr Vorm. in der Halle des Vereins eintreffen.

Das Bataillon bemerkt noch, daß es für das Kleben der Ballone keine Verantwortung zu übernehmen vermag und ersucht, daß beim Kleben der betreffende Führer beziehungsweise Mitfahrer anwesend ist. ./.

Brief vom Kommandeur des Luftschiffer-Bataillons Major Hans Groß mit der Zusage, Ballonmaterial leihweise zur Verfügung zu stellen sowie Personal bereitzustellen, allerdings für den 12. Oktober nicht im geforderten Umfang.

die Veranstalter laut Schätzungen am Sonntag zwischen 20 000 und 30 000 Besucher, die die Starts nicht von den Tribünen aus, sondern vom Ballonplatz und vom angrenzenden Gelände aus verfolgten.

Der Generalunternehmer war auch für die Dekoration des Geländes mit Fahnen und Girlanden zuständig. Die Eintrittskarten, Plakate und Programme wurden nach Vorgabe des Berliner Vereins für Luftschiffahrt gedruckt und vertrieben.

Die Vermarktung des Gordon-Bennett-Rennens, der Verkauf der Programme, die Belange rund um Parkplatzgebühren und Eintrittskarten und vieles mehr oblag dem Generalunternehmer ebenso wie die Verpachtung der Verkaufskioske, der Ausschänke, zweier Restaurants, einer Kantine und die Zuständigkeit für das allgemein benötigte Personal.

Der Berliner Verein für Luftschiffahrt hingegen war verantwortlich für das Einholen aller behördlichen Genehmigungen, die für die Veranstaltung notwendig waren. Der Verein musste dafür Sorge tragen, dass genügend im Sanitätsdienst ausgebildete Personen sowie drei Ärzte und eine Brandwache der Freiwilligen Feuerwehr an den Veranstaltungstagen anwesend waren. Außerdem war der Verein

BERLINER VEREIN FÜR LUFTSCHIFFAHRT

EINGETRAGENER VEREIN.

GIRO-CONTO: DRESDNER BANK, W. 15, KURFÜRSTENDAMM 181.
FERNSPRECH-AMT: WILMERSDORF, A. 3560.
TELEGRAMM-ADRESSE: LUFTSCHIFF, BERLIN.

GESCHÄFTS-STELLE:
BERLIN-WILMERSDORF, XANTENERSTRASSE 8.
NAHE BEIM OLIVAER-PLATZ

DEN 9. September 1908.

Ew. Hochwohlgeboren

beehren wir uns sehr ergebenst folgendes mitzuteilen :
Durch ein getroffenes Abkommen hat der Deutsche Luftschiffer-Verband dem Berliner Verein für Luftschiffahrt die Ausführung der luftschifferischen Veranstaltungen vom 11. Oktober d.J. - Gordon Bennet-Rennen der Lüfte - übertragen und Ew. Hochwohlgeboren haben die grosse Güte gehabt, Ihre Bereitwilligkeit zur Mitwirkung bei der Organisation und Durchführung des Unternehmens zuzusagen. Der Ordnung wegen beehren wir uns deshalb Ew.Hochwohlgeboren davon in Kenntniss zu setzen, dass für diejenigen Aufgaben, welche Ew.Hochwohlgeboren freundlichst übernommen haben, bei dem Voranschlage ein Betrag von 6000 M vorgesehen ist. Wir bitten Ew.Hochwohlgeboren deshalb ergebenst, die von Ihnen zu treffenden Veranstaltungen tunlichst im Rahmen der gedachten Summe zu halten und falls etwa weitere Mittel erforderlich erscheinen sollten, uns hiervon geneigtest so rechtzeitig Kenntniss zu geben, dass wir unsererseits die entsprechenden Entschliessungen treffen können, um eine ordnungsmässige Erledigung der uns anvertrauten Aufgaben zu ermöglichen.

Hochachtungsvoll !

BERLINER VEREIN für LUFTSCHIFFAHRT

Der Vorsitzende.

Busley

15/48

Wie aus diesem Brief hervorgeht, wurden Moedebeck für seine Aufgabe, am 11. Oktober die Gasversorgung der Ballone zu organisieren, vom Berliner Verein für Luftschiffahrt 6000 Mark bewilligt.

zuständig für die Rekrutierung des fachlichen Personals innerhalb des Ballonplatzes. Das Gros des Hauptpersonals, Unteroffiziere und Mannschaften, wurde gegen Besoldung von dem in Berlin stationierten Luftschiffer-Bataillon gestellt. Die Organisatoren zahlten Unteroffizieren pro Tag inklusive Essen und Trinken sechs Mark und einfachen Mannschaftsdienstgraden drei Mark. Des Weiteren stellte das Luftschiffer-Bataillon technisches Material wie Füllschläuche, Ventilatoren und Klebewalzen zur Verfügung.

Für die gesamte Veranstaltung, die als »das bedeutendste diesjährige Ereignis in der Aeronautik« gesehen wurde, stand dem Organisationsausschuss ein Etat von ungefähr 50000 Mark zur Verfügung, der sich mit den Einnahmen aus dem Vertrag mit der Firma Berger deckte.

Im Rahmen des Internationalen Gordon-Bennett-Rennens fanden am Sonnabend, den 10. Oktober, eine Zielfahrt und am Montag, den 12. Oktober, eine Dauerfahrt statt. Zu der Zielfahrt waren 25 Ballone verschiedener Größe, von 250 bis 1600 Kubikmetern Inhalt gemeldet, von denen letztlich 22 tatsächlich starteten. An der Dauerfahrt nahmen 32 Ballone, je nach Größe in vier Klassen gegliedert, teil.

Das Hauptereignis, die Weitfahrt des Gordon-Bennett-Rennens, fand am Sonntag, den 11. Oktober, statt. Zum Rennen gemeldet waren hier 23 Ballone aus acht Nationen. Neben den drei deutschen Ballonen »Berlin«, der erst Anfang September vom Hersteller Franz Clouth geliefert wurde, »Busley« und »Düsseldorf« nahmen drei Ballone aus den USA teil, »America II«, »Conqueror« und »Saint Louis«, für England starteten »Banshee«, »Britannia« und »Zephyr«, für Spanien »Valencia«, »Castilla« und »Montanes«, für Belgien »Belgica«, »L'Utopie« und »Ville de Bruxelles«, für Italien »Aetos«, »Ruwenzori« und »Basiliola«, für Frankreich »Condor«, »Isle de France« und »Brise d' Automne« und die Schweizer schickten die zwei Ballone »Cognac« und »Helvetia« ins Rennen. Von den drei deutschen Ballonen war je einer vom Berliner Verein, vom Niederrheinischen Verein und vom Kölner Club für Luftschiffahrt gestellt worden.

Gewinner der Weitfahrt war derjenige Ballonführer, dessen Landeplatz nach Luftlinie am weitesten vom Startplatz entfernt war. Die Fahrt war ohne Zwischenlandung auszuführen. Der Landungsort musste im Bordbuch amtlich beglaubigt werden. Dem Gewinner winkten der von James Gordon Bennett gestiftete silberne Wanderpreis und 12 500 Francs. Ferner erhielt der Gewinner die Hälfte der Nenn-(Start) und Reugelder (Konventionalstrafe) und das Kunstwerk »Der Sieger« in Bronze, gestiftet von der Sektion Düsseldorf des Niederrheinischen Vereins für Luftschiffahrt. Der zweite Platz war mit einem Drittel der Nenn- und Reugelder, der dritte mit einem Sechstel angesetzt.

Zuerst mussten die Ballone mit Gas gefüllt werden, was anhand der Vielzahl der Ballone organisatorisches Geschick erforderte. Hierfür zeigte sich Moedebeck hauptverantwortlich. Da Moedebeck um den Zeitaufwand wusste, begann das Befüllen der Ballone bereits 12 Uhr. Für die 23 Ballone waren 50 000 Kubikmeter Gas nötig, die die Stadt Berlin kostenlos zur Verfügung stellte. Als Gas wurde Wasserstoff verwendet.

Insgesamt 47 Unteroffiziere und 585 Mannschaften, die der Leitung des Sportkommissars Hauptmann Ewald von Kleist unterstanden, halfen den Ballonführern beim Auslegen, Füllen und Vorbereiten ihrer Ballone. Alle 23 Füllstationen wurden gleichzeitig besetzt.

Auch mussten die Ballastsäcke mit gesiebtem getrocknetem Sand gefüllt werden. Ein Sack Ballast wog zwischen 15 und 20 Kilogramm und bestand aus starkem grünen oder grauen Leinentuch.

Das verwendete Material aller teilnehmenden Ballone war vorher durch eine Aufnahmekommission einer Prüfung unterzogen worden. Dabei ging es nicht nur um Verarbeitung und Festigkeit des Materials, sondern auch um die Einhaltung von Vorschriften, so mussten beispielsweise die Ballonkörbe eine Mindesthöhe von 80 Zentimetern aufweisen.

Besonderes Interesse bei den ausländischen Ballonführern riefen die neuen deutschen Ballonkörbe hervor. Die Körbe waren außergewöhnlich leicht gebaut, verhältnismäßig hoch und stabil.

Die Ballonhüllen bestanden je nach Herstellungsland aus unterschiedlichem Material. In Deutschland verwendeten die Fabrikanten gummierte Baumwolle. Gewonnen wurde sie durch doppelt diagonal gelegten Baumwollstoff, auf dessen innerer Schicht eine Kautschukmasse heiß ausgewalzt und dann die Verbindung zwischen beiden Stoffschichten hergestellt wurde. Die Gummimasse wurde mit Schwefel vulkanisiert und dadurch widerstandsfähiger gemacht. Anschließend wurde die äußere Stoffschicht chromimprägniert, um die Wirkung der Sonnenstrahlen auf die Gummimasse möglichst abzuschwächen. Die so gefertigten Ballonhüllen waren überaus stark und widerstandsfähig und an ihrer chromgelben Farbe leicht zu erkennen.

In Frankreich hingegen bevorzugten die Fabrikanten gefirnisste Seide. Die Seide war zwar leichter als die gummierte Baumwolle, dafür hatte sie eine geringere Haltbarkeit und war erheblich teurer.

Die englischen Fabrikanten stellten die Ballonhülle wiederum aus Goldschlägerhaut her. Dabei handelte es sich um zu Flächen geringen Umfangs ausgezogene Tierdärme. Die Därme wurden in acht bis zehnfacher Lage übereinander geklebt. Dadurch war das Material sehr gasdicht, aber auch äußerst empfindlich und noch teurer als Seidenballons.

Ab 12 Uhr gaben die Veranstalter per Anschlag die allgemeine Wetterlage bekannt, die ihnen von dem Königlich-Preußischen Aeronautischen Observatorium in Lindenberg bei Berlin telegrafiert wurde. Ausgesuchte Landkarten standen den Ballonführern zum Kauf zur Verfügung. Darüber hinaus wurde eine Auskunftsstelle eingerichtet, die mit Fachleuten besetzt war, die auch die entsprechenden Fremdsprachen beherrschten. Jeder teilnehmenden Nation wurde für die Zeit der Rennen ein Automobil kostenlos zur Verfügung gestellt.

Die Ballone waren auf Kosten des Berliner Vereins für Luftschiffahrt versichert. Die Ballonführer selbst konnten sich gegen »Schaden an Leib und Leben« versichern, indem sie vor Antritt der Fahrt 15,30 Mark entrichteten.

Dem Organisationsausschuss war es gelungen, vom Eisenbahn-Ministerium die Zusage zu erhalten, dass allen »teilnehmenden Deutschen Ballons vom Landungsplatze bis zu Ihren Heimatorten und ferner allen ausländischen Ballons von Ihrem Landungsplatze bis zur Reichsgrenze freier Rücktransport gewährt wird«.

Die Ballonführer sollten neben ihrer Nationalflagge auch einen Vereinswimpel und, falls vorhanden, ihren persönlichen Führerwimpel am Ballon hissen. Neben einem Bordbuch mussten ein Barograph zum Messen des Luftdrucks und Depeschenformulare auf die Fahrt mitgenommen werden. Die Formulare waren bei Tage jede halbe Stunde ausgefüllt über Ortschaften abzuwerfen. Um die Windrichtung und -stärke genau zu bestimmen, wurden vor dem Start kleine rote Pilotballone steigen gelassen.

Bei allen Teilnehmern handelte es sich um erstklassige Ballonführer. Besonders die französischen waren entschlossen »alles zu wagen [...] auch das Überfliegen der Ostsee«. Da der Wind eine unberechenbare Größe war, erhielten alle Ballonführer vorsorglich vom russischen Generalkonsul Empfehlungsschreiben für eine etwaige Landung in Russland.

Fünf Minuten vor dem ersten Aufstieg wurde durch ein Trompetensignal auf den Beginn des Starts aufmerksam gemacht. Die Startfolge war vorher ausgelost worden. Die Ballone starteten etwa im Dreiminutentakt. Militärische Kommandos ertönten: »Ballon marsch! Achtung, Ballon hoch!« Bei jedem Aufstieg spielte eine der Militärkapellen die Nationalhymne des betreffenden Ballons. »Berauschende Hurras [...] gaben jedem einzelnen der kühnen Aeronauten ein frohes Geleit in die Lüfte«, schwärmte ein Zeitungsreporter, »es war ein prächtiges Bild, wie die mächtigen Kugeln langsam durch die von der Sonne durchleuchteten, dunstigen Lüfte dahinschwebten und allmählich in der Ferne über dem Häusermeer der Reichshauptstadt verschwanden.« Gegen 16 Uhr stieg der letzte Ballon auf.

Wenig später änderte sich plötzlich die Windrichtung. Kam der Wind bisher aus Nordost, drehte er jetzt auf Südost und trieb die meisten Ballone Richtung Nordwesten auf die Nordsee zu. Das war die denkbar ungünstigste Luftströmung, da das Meer die Ballonfahrer zum vorzeitigen Landen zwingen würde. Einige der Ballonführer trieben mit ihren Ballonen gar auf die offene Nordsee hinaus, da sie die Küste bei Nacht und Nebel nicht rechtzeitig bemerkten.

Menükarte vom Festessen anlässlich des Gordon-Bennett-Rennens am 9. Oktober 1908. Die Namen der Speisen waren dem Ereignis entsprechend bezeichnet. So gab es z. B. »Roastbeef nach Gordon Bennett«, ein »Korbgericht von jungen Rebhühnern« oder »Sahnegefrorenes aus 10 000 Metern Höhe«.

Musikalisches Programm.

1. Luftschiffermarsch
2. Ouverture zur Oper „Die weiße Dame“
3. Vorbereitung zur Fahrt (Walzer)
4. Fantasie aus „Carmen“
5. Hoch in den Lüften (Polka)
6. Ouverture zur „Zigeunerin“
7. Im Fesselballon (Polka)
8. Mühle im Schwarzwald
9. Im Lenkbaren (Länder)
10. Ueber den Wolken (Schottisch)
11. Studenten-Potpourri
12. Glückliche Landung (Marsch).

Speisenfolge.

Kraftbrühe aus Thermosflaschen

Seezungen nach Friedrichshafener Art

Rostbeaf nach Gordon Bennett

Ostender Hummer à la dirigeable

Artischocken von der Schleiffahrt

Korbgericht von jungen Rebhühnern

Sahnegefrorenes aus 10 000 Meter Höhe

Käsestangen nach dem halbstarren System

Früchte von einer Baumlandung

Café, Liköre, Erfrischungen nach Luftschifferart.

Von der Kommission empfohlene Weine:

1905 Hochheimer 2,— M.	1904 Lösenicher 5,— M.
1900 St. Julien 4,— „	1898 Volnay 5,— „

Kupferberg Gold 6,50 M.

Die große Weinkarte wird auf Wunsch vorgelegt.

Programmheft für den »Heiteren Abend« im Rahmen des Gordon-Bennett-Rennens. Unter den mitwirkenden Künstlern waren u. a. bekannte Namen wie der Entfesselungs- und Zauberkünstler Harry Houdini vom Zirkus Busch, die Sängerin und Schauspielerin Fritzi Massary sowie der Schauspieler Henry Bender, beide vom Metropol-Theater Berlin.

Mitwirkende Künstler.

Harry Houdini, vom Zirkus Busch

Georg Schindler, Mundharmonika-Virtuose, vom Empire, London

Fritzi Massary, vom Metropol-Theater, Berlin

Henry Bender, vom Metropol-Theater, Berlin

Belza-Duo, vom Folies Bergères, Paris

Lene Land, Parodistin

Meistersänger-Quartett

Stanowsky's Original-Wiener Schrammeln

Auxophon: Enrico Caruso u. a. Künstler

Wilhelmina-Troupe, holländisches Septett, vom Empire, London

Diese Vorstellung wird arrangiert durch Ike Rose, Concert-Büro, Schiffbauerdamm 26 A.

Aenderungen im Programm vorbehalten.

Am Sonnabend lud der Verein zum eigentlichen Empfang in die Räumlichkeiten des Reichstages zu Bier und kaltem Büffet mit musikalischer Unterhaltung. Sonntags fand ein heiterer Unterhaltungsabend mit einer Tombola in den Festräumen des Landesausstellungsparks statt, zu dem die »ersten Künstler des komischen Genres ihre Mitwirkung« zugesagt hatten.

Mit einer Entfernung von 1212 Kilometern legte der schweizerische Ballon »Helvetia« unter der Führung von Oberst Theodor Schaeck und Oberleutnant Emil Messner von allen Teilnehmern die weiteste Strecke zurück. Der Ballon wurde nach weltrekordverdächtiger Fahrtdauer von rund 73 Stunden am Mittwochnachmittag circa 20 Kilometer vor der norwegischen Küste von dem Dampfschiff »Cimra« an Land geschleppt.

Damit stand nach vier spannenden Tagen der Gewinner des dritten Gordon-Bennett-Rennens fest. Einer der Preisrichter war natürlich Hermann Moedebeck.

Trotz anderslautender Gerüchte war zu keinem der Starts in Berlin das Kaiserpaar erschienen. Dessen ungeachtet war das Gordon-Bennett-Rennen sowohl sportlich als auch gesellschaftlich ein eindrucksvolles Ereignis. Zu den Starts anwesend waren unter anderem Generalfeldmarschall Wilhelm von Hahnke, Kriegsminister Karl von Einem, Handelsminister Dr. Clemens Delbrück, der Polizeipräsident von Berlin Ernst von Stubenrauch sowie eine »große Anzahl offizieller Persönlichkeiten«. »Die Damen in ihren herrlichen Toiletten und die Uniformen aller Waffengattungen gaben dem schönen Bilde einen besonderen Reiz«, war in der Nordwestdeutschen Zeitung vom 13. Oktober 1908 zu lesen.

Zum offiziellen Beginn hatte der Berliner Verein für Luftschiffahrt am Freitagabend ein Festessen in den Sälen des Zoologischen Gartens veranstaltet, »zu welchem die Säle außerordentlich reich, und zwar charakteristisch luftschifferisch ausgeschmückt« waren. Die Kleiderordnung schrieb Frack, weiße Binde und Orden vor. Die Beteiligung an dem Festessen war immens, auch die Mehrzahl der Staatsminister nahm teil. Generalfeldmarschall von Hahnke vertrat den Kaiser und hielt eine Grußrede.

Als krönenden Abschluss der Feierlichkeiten gab es am Montagabend eine Festvorstellung im Königlichen Opernhaus, der auch der Kaiser Wilhelm II. beiwohnte. Nach der Vorstellung schloss sich ein geselliges Zusammensein der Teilnehmer in reservierten Sälen des Hotels Adlon an.

Die damalige Reichshauptstadt Berlin stand für drei Tage nicht nur in Luftschifferkreisen im Mittelpunkt, sondern auch in der Weltöffentlichkeit. Unzählige Reporter berichteten in der nationalen und internationalen Presse über das aeronautische Großereignis. Insgesamt starteten an den drei Tagen 77 Ballone, vertreten durch acht Ballonfahrernationen mit ihren Delegationen. So spektakulär das Ereignis war, persönlich gab es für Moedebeck einen kleinen Wermutstropfen. Hatte er sich doch über die Maßen engagiert, ohne eine – so sein Empfinden – gebührende Wertschätzung. Moedebeck soll sich bei seinem ehemaligen Vorgesetzten Buchholtz darüber beklagt haben, dass ihm sein Engagement für das Rennen wenig Anerkennung eingebracht habe.

DIE INTERNATIONALE LUFTSCHIFFAHRT-AUSSTELLUNG

Zahlreiche Erfindungen und große Visionen weckten Ende des 19. und Anfang des 20. Jahrhunderts bei den Menschen eine nahezu unbegrenzte Begeisterung für die Möglichkeiten der Technik. Auf den Weltausstellungen wetteiferten die Nationen um zukunftsweisende Neuheiten und Innovationen. Der vermeintlich unaufhaltsame technische Fortschritt schien eine Ära des Friedens und des Wohlstandes für die Menschheit einzuläuten. Sogar den alten Menschheitstraum vom Fliegen versprach er zu erfüllen. Städte in ganz Europa versuchten sich gegenseitig mit Flugwettbewerben und Luftfahrtausstellungen zu überbieten.

Im Kreise Luftfahrtbegeisterter entstand unter anderem der Gedanke zu einer internationalen Luftfahrtausstellung in Deutschland, die alle Bereiche der Luftfahrt präsentieren sollte. Auf dem Deutschen Luftschiffertag 1908 wurde diese Idee unterstützt. Die Bürgerschaft und der Oberbürgermeister Franz Adickes von Frankfurt am Main machten sich stark für ihre Stadt als Veranstaltungsort. Ein Garantiefond sicherte die Finanzierung. Die Präsidentschaft der Ausstellung lag in den Händen des Frankfurter Chemikers, Mäzens und Luftfahrtpioniers Geheimrat Dr. Paul Gans. Ausstellungsdirektor wurde der ehemalige Kommandant der Luftschiffer-Abteilung Major Georg von Tschudi. Nach einer intensiven Vorbereitungszeit eröffnete die erste eigenständige Internationale Luftschiffahrt-Ausstellung (ILA) am 10. Juli 1909 auf dem Gelände der Frankfurter Ausstellungs- und Festhallengesellschaft. Die Ausstellung dauerte 100 Tage bis zum 17. Okto-

Zur Eröffnung der

Internationalen Luftschiffahrt-Ausstellung

Frankfurt a. Main, 10. Juli 1909.

Speisenfolge.

1907 Winninger Panizza und Probst, vormals Moers und Rüppell. 1904 St. Julien Bansa und Sohn.	Echte Schildkröten-Suppe. Rheinsalm mit Kräutersauce.
1904 Hochheimer Berggasse aus den Weinbergen der Stadt Frankfurt a. M.	Kalbsrücken mit jungen Gemüsen.
Champagne „Aëro“ Sektkellerei J. Fromm.	Hühnerbrust nach Jeanette, Kopfsalat.
	Erdbeer- und Vanille-Eis, Feines Backwerk.
	Käseschnittchen.
Liköre.	Mokka.

Es wird gebeten, etwaige Trinksprüche bei dem Vorsitzenden Herrn Geh. Kommerzienrat Dr. Gans anzumelden.

Haupt-Wein-Restaurant
W. Autor.

Ausstellungsplatz

THEISSINGER FRANKFURT

Menükarte des Festessens anlässlich der Eröffnung der ersten Internationalen Luftschiffahrt-Ausstellung in Frankfurt am Main am 10. Juli 1909.

Speisekarte des Festessens anlässlich der Ankunft des Grafen von Zeppelin mit dem Luftschiff LZ 5 (Z II) auf der Internationalen Luftschifffahrt-Ausstellung in Frankfurt am Main am 31. Juli 1909.

FEST-ESSEN

anlässlich der Ankunft des Grafen ZEPPELIN mit dem Reichs-Luftschiff Z II auf der ILA Frankfurt a. M.

Kraftbrühe mit Rindermark

Hummer nach amerikanischer Art

Hannoverischer Kalbsrücken mit jungen Gemüsen
Schloss Kartoffeln

Masthuhn in der Casserole
Carlton Salat

Tutti Frutti Eis
Feines Backwerk

Käse Platte.

Samstag, den 31. Jul 1909
Autor's Haupt Wein Restaurant.

H. MOEDEBECK

WILHELM BÜTTEL, HOFLIEFERANT, FRANKFURT A. M.

Internationale Luftschiffahrt-Ausstellung
Frankfurt am Main 1909.
(Exposition aëronautique).
Fernsprecher No. 6403. Telegrammadresse: Ila.

Ts. Kli.

Frankfurt a. M., den 21. Juni 1909.
Festhalle.

Herrn
Oberstleutnant Mödebeck,
Berlin W.

J. L. A. 21 JUN. 1909 Journ. No. 6748

Sehr geehrter Herr Oberstleutnant!

Jm Besitze Jhres Geehrten vom 19. crt. bitten wir dringend uns umgehend mitzuteilen, ob wir auf die Ausstellung Jhrer Medaillen rechnen können. Es ist unmöglich die Entscheidung auchnnur einen Tag aufzuschieben. Wir müssen die Korrekturen unseres Katalogs in Druck geben und müssen endgültig über die Plätze disponiren. Wir würden es ausserordentlich bedauern, wenn wir auf Jhre Ausstellung verzichten müssten und bitten uns telegrafisch kurzen Bescheid zu geben.

Mit vorzüglicher Hochachtung!

Internationale Luftschiffahrt-Ausstellung Frankfurt a. M.
Der Direktor.
[Unterschrift]

Die Hochwertigkeit von Moedebecks Medaillensammlung wird in diesem Brief vom Direktor der Internationalen Luftschiffahrt-Ausstellung Georg von Tschudi erkennbar.

ber 1909. Obwohl im Namen der Ausstellung die Luftschifffahrt scheinbar im Vordergrund stand, wurden auf der ILA alle damaligen Luftfahrzeuge präsentiert.

Neben den ausgestellten Neuheiten auf dem Gebiet der Drachen, Ballone, Luftschiffe und Flugapparate sorgten Vorführungen und Fachvorträge für ein abwechslungsreiches Programm. Eines der besonderen Ereignisse war die Ankunft des Zeppelin-Luftschiffes LZ 5 am 31. Juli. Darüber hinaus vermittelte eine Historische Abteilung den Besuchern einen Überblick über die bisherigen luftfahrthistorischen Bestrebungen. Auch Moedebeck stellte hierfür einige wertvolle Objekte aus seiner Sammlung zur Verfügung. Dazu gehörten Aquarelle, Zeichnungen, Medaillen, Bücher, Zeitschriften und Briefe. Moedebeck weilte ab dem 10. Juli für vermutlich einen Monat in der Nähe von Frankfurt am Main in Wehrheim, um möglichst oft die ILA besuchen zu können.

Während der 100-tägigen Ausstellung kamen rund eineinhalb Millionen Besucher, rund 18 000 Dauerkarten wurden verkauft. In der Abschlussrede zog Ausstellungspräsident Gans trotz eines finanziellen Defizits ein positives Fazit: »Mögen sie alle, die uns in mannigfaltiger Weise gefördert haben, ihren Lohn finden in dem Bewusstsein, mitgewirkt zu haben an einem Unternehmen von hoher kultureller Bedeutung. Neue Bahnen haben sich in unseren Tagen der Menschheit erschlossen. Unsere Ausstellung hat, das darf zuversichtlich behauptet werden, uns der Erreichung höherer Ziele näher gebracht.«

INTERNATIONALE LUFTSCHIFFAHRT-AUSSTELLUNG
FRANKFURT A. M.

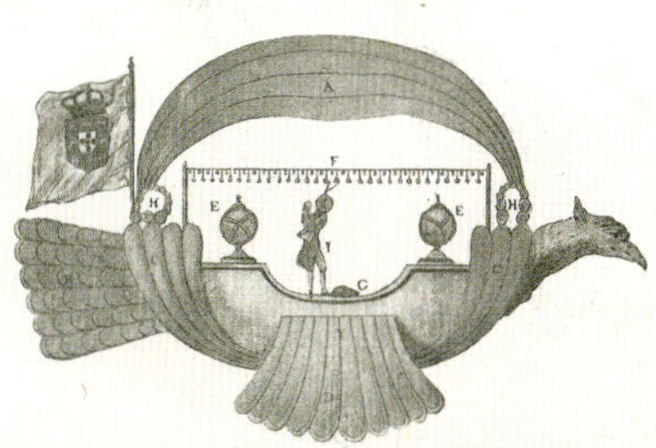

1709 — 8. AUGUST — 1909

EINLADUNG

ZUR VORBESICHTIGUNG
DER
HISTORISCHEN ABTEILUNG

SONNTAG, DEN 8. AUGUST 1909
VON 11-1 UHR

DIESE KARTE BERECHTIGT GLEICHZEITIG ZUM FREIEN EINTRITT IN DIE AUSSTELLUNG

▲ Einladung zur Vorbesichtigung der Historischen Abteilung.

▶ Offizielle Werbung für die Internationale Luftschiffahrt-Ausstellung in Frankfurt am Main, 1909.

ILA

ILA

INTERNATIONALE
LUFTSCHIFFAHRT
AUSSTELLUNG
EXPOSITION AERONAUTIQUE
JULI-
OKTOB
FRANKFURT A/M 1909

DER PRIVATIER, DIE LUFTSCHIFF-FAHRT UND LETZTE PLÄNE

In der preußischen Armee gab es keine festen Verpflichtungszeiten. Daher konnten Offiziere jederzeit um ihren Abschied ersuchen. Im Rang eines Oberstleutnants verließ Moedebeck im Juni 1908 die Armee und nahm seinen Abschied aus dem aktiven Heeresdienst. Damit beendete er seine militärische Laubahn. Als Oberstleutnant z. D. (zur Disposition) wurde ihm die Erlaubnis zum Tragen der Regimentsuniform erteilt. Moedebeck hätte in Bezirkskommandos eingesetzt werden können. Die ausgeschiedenen Offiziere z. D. unterlagen weiterhin der Militärgerichtsbarkeit. Bei Bedarf, also im Kriegsfall, hätten sie reaktiviert werden können. Ab 1. August erhielt Moedebeck eine jährlich erhöhte Pension von 6 051 Mark sowie einen ermäßigten Pensionszuschuß von 428,50 Mark.

Die Beweggründe für sein Ausscheiden aus dem aktiven Dienst waren sicherlich vielfältig. Vielen Offizieren war Moedebeck zu sehr der Luftfahrt verhaftet. 1909 soll er erklärt haben: »Unsere [militärische] Zukunft liegt auf dem Wasser, und die Entscheidung fällt in der Luft.« Solch eine Aussage war zu der Zeit visionär und noch nicht mehrheitsfähig.

General-Inspektion der Fußartillerie.

Berlin, den 19 ten Juni 1908.
W. 30, Neue Winterfeldtstr. 14.

Abt. III Nr. 3005.08.

Seine Majestät der Kaiser und König haben Allergnädigst folgendes zu bestimmen geruht:

„Der Abschied mit der gesetzlichen Pension wird bewilligt:

den Oberstleutnants: pp.

M o e d e b e c k , Bataillons-Kommandeur im Badischen Fußartillerie-Regiment Nr.14, mit der Aussicht auf Anstellung im Zivildienst, der Erlaubnis zum Tragen der Regimentsuniform und unter Verleihung des Königlichen Kronen-Ordens 3. Klasse.

Neues Palais, den 18. Juni 1908.

gez. W i l h e l m R."

Von seiten der General-Jnspektion.
Für den Chef des Stabes.

GENERAL-INSPEKTION DER FUSSARTILLERIE

Haberlet.

Hauptmann.

An

den Königlichen Oberstleutnant und Bataillons-Kommandeur im Badischen Fußartillerie-Regiment Nr.14, Ritter mehrerer Orden,

Herrn M o e d e b e c k

Hochwohlgeboren

Straßburg i.E.

Bewilligung von Moedebecks Abschied aus der Armee durch die General-Inspektion der Fußartillerie vom 19. Juni 1908.

Während einer Marschpause werden die Pferde mit Wasser versorgt. Auf dem Foto sind rechts Moedebecks Pferde Hans und Fritz zu sehen. Es entstand zwischen April 1905 und Mai 1908. Zu der Zeit war Moedebeck Bataillonskommandeur im Badischen Fußartillerie-Regiment Nr. 14.

Zudem wollte und konnte er sich als Privatier nun ausschließlich mit der Luftschifffahrt beschäftigen. Ein weiterer Beweggrund mag der ständige Garnisonswechsel als Offzier mit der Familie gewesen sein. Für seine Frau Ella, Tochter Gisela und seinen Sohn Eberhard waren die häufigen Orstwechsel sicher eine Herausforderung. Anfang Juli 1908 zogen die Moedebecks zurück nach Berlin. Mit seinem Ausscheiden aus dem aktiven Militärdienst verkaufte er auch seine zwei Pferde, die er als Offizier besessen hatte.

Als Autor und Herausgeber erwarb sich der umtriebige Moedebeck besondere Verdienste. Zu seinen Werken gehörten auch Nachschlagewerke, unter anderem Novitäten über deutsche Fachausdrücke in der Luftschiffersprache. Ende des 19., Anfang des 20. Jahrhunderts waren die Franzosen in der Entwicklung von Luftfahrzeugen führend. Viele Fachbegriffe in dem noch jungen Genre Luftfahrt kamen daher aus dem Französischen. Moedebeck setzte sich dafür ein, deutsche Begriffe zu finden und einzuführen. Ein wichtiges und bis heute für uns selbstverständliches Wort stammt übrigens von ihm. Auf einer Sitzung des Berliner Vereins für Luftschiffahrt Anfang Mai 1909 diskutierten die anwesenden Mitglieder über die Bezeichnungen für Fahrzeuge, die schwerer als Luft waren. Vorschläge waren unter anderem Flugmaschine und Drachenflieger. Zufrieden waren die Luftschiffer damit nicht, doch es konnte einfach kein passendes deutsches Wort gefunden werden. Angeregt von dieser Diskussion schlug Moedebeck in Heft 11 der Illustrierten Aeronautischen Mitteilungen vom 2. Juni 1909 das Wort »Flugzeug« vor. Er argumentierte, dass es die Wörter Fahrzeug, Schreibzeug etc. ebenfalls gäbe. Das Flugzeug sollte künftig alle anderen im Gebrauch befindlichen Bezeichnungen ersetzen und somit alle bisherigen sprachlichen Schwierigkeiten aus dem Weg räumen. So brillant dieser Einfall war, dauerte es dennoch eine Weile, bis sich die Bezeichnung endgültig durchsetzte.

Nichtsdestotrotz beschäftigte sich Moedebeck auch mit der Idee, Esperanto in die internationale Luftschiffahrt einzuführen, um eine länderübergreifende Verständigung unter den Luftschiffern zu ermöglichen.

Moedebeck engagierte sich in vielen weiteren Unternehmungen. Bedingt durch die Erfolge der Zeppelin-Luftschiffe und die 1909 aufsehenerregende ILA erhofften sich immer mehr Luftfahrtenthusiasten städteverbindende Luftschifflinien. Dazu gehörte natürlich auch Moedebeck, der schon früh davon sprach. Mehrere Initiatoren, darunter unter anderem August von Parseval und der Schiffbau- und Schiffsmaschinenbauingenieur Professor Oswald Flamm von der Technischen Hochschule Charlottenburg, taten sich 1909 zusammen, um eine »Vorbereitungs-Gesellschaft für den Bau lokaler Luftschiffahrts-Linien« zu gründen. Die Linien sollten mit Parseval-Luftschiffen betrieben werden. Moedebecks Wissen war gefragt und er wurde um seine Mitarbeit gebeten. Zwischenzeitlich war ihm auch der Posten des technischen Direktors in der geplanten Vorbereitungs-Gesellschaft versprochen worden. Dies sollte jedoch Theorie bleiben; vermutlich war die Gründung der finanziell und personell wesentlich besser ausgestatteten Deutschen Luftschiffahrts-Aktiengesellschaft (DELAG) der Gründung der Vorbereitungs-Gesellschaft zuvorgekommen. Die DELAG gilt somit als die weltweit erste Luftverkehrsgesellschaft. Sie wurde am 16. November 1909 mit staatlicher Unterstützung gegründet und betrieb die von der Luftschiffbau Zeppelin GmbH gebauten Verkehrsluftschiffe. Damit

Bereits im Sommer 1909 forderte Moedebeck in seiner Funktion als Direktor der deutschen Luftschiffahrt-Abteilung für die Weltausstellung in Brüssel die deutschen Vereine auf, sich daran zu beteiligen.

DER REICHSKOMMISSAR
FÜR DIE WELTAUSSTELLUNG IN BRÜSSEL 1910

TELEGRAMM-ADRESSE: REICHSKOMMISSAR-BERLIN
ABC CODE 5. AUFL.

BERLIN NW6, DEN ....
LUISENSTR. 33/34

Auf der Weltausstellung in Brüssel, die am 1. Mai 1910 eröffnet wird, werden erste deutsche Firmen in der Luftschiffahrt ,Klasse [illegible], ein Gesamtbild unserer vorgeschrittenen luftschiffahrlichen Technik bieten. Dieses Bild möchten wir durch einen Ueberblick über unser aeronautisches Vereinsleben ergänzen. Wir richten daher an sämtliche die Luftschiffahrt betreibenden Vereine Deutschlands die Bitte um eine allgemeine unter gleichen Gesichtspunkten behandelte Beteiligung an der Ausstellung. Der Quadratmeter Wandfläche kostet voraussichtlich M 15, Bodenfläche 40 M. Für jeden Quadratmeter werden 15 M Dekorationskosten berechnet. Erwünscht wären zur Dekoration des Raumes der Standart jedes Clubs und Vereines in vorgeschriebenen Grössen, die kostenlos als Ausstellungsgegenstände verwendet werden, sowie Tafeln mit statistischen Angaben über die Vereinstätigkeit. Die Einrahmungen sollen einheitlich nach Angabe der Ausstellungsleitung stattfinden.

Der Anmeldeschluss ist am 25. Juli 1909 und sehe ich bis dahin der zusagenden Entscheidung des verehrten Vereins-Vorstandes entgegen.

Hochachtungsvoll

Moedebeck

Der Direktor der Luftschiffahrts-Abt.

DIE PIONIERE DER LUFTSCHIFFAHRT

ZUSAMMENGESTELLT UND BEARBEITET VON HERM·W·L·MOEDEBECK OBERSTLEUTNANT Z·D·BERLIN
HERAUSGEGEBEN UND VERLEGT VON GUSTAV EYB KUNSTVERLAG STUTTGART
ORNAMENTALER RAHMEN VON PROF·Z·V·CISSARZ
GEDRUCKT BEI MAX DETHLEFFS STUTTGART

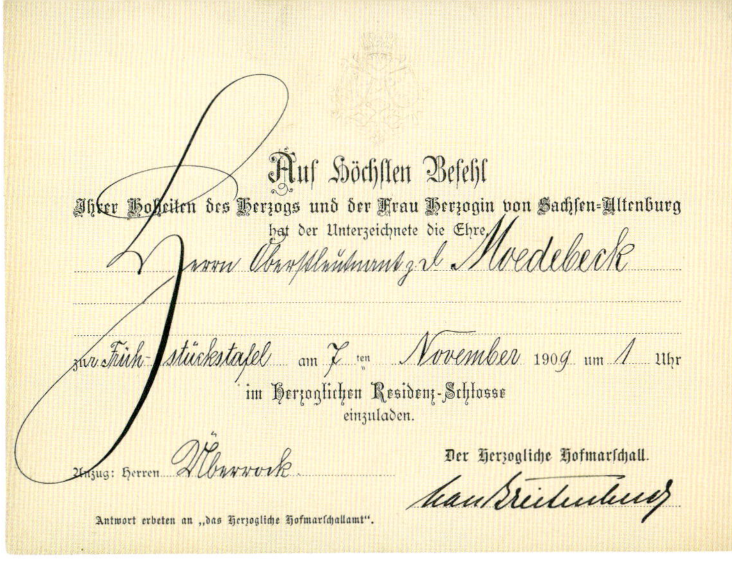

Auf Höchsten Befehl
Ihrer Hoheiten des Herzogs und der Frau Herzogin von Sachsen-Altenburg
hat der Unterzeichnete die Ehre
Herrn Oberstleutnant z. D. Moedebeck
zur Früh-stückstafel am 7ten November 1909 um 1 Uhr
im Herzoglichen Residenz-Schlosse
einzuladen.

Anzug: Herren Überrock

Der Herzogliche Hofmarschall.
[illegible]

Antwort erbeten an „das Herzogliche Hofmarschallamt“.

Frühstückseinladung von Ernst II. von Sachsen-Altenburg und seiner Gemahlin an Moedebeck. Herzog Ernst II. war Forschung und Technik gegenüber sehr aufgeschlossen und förderte die Luftfahrt in seinem Herzogtum.

Henri Farman mit einem Voisin-Doppeldecker während des ersten offiziellen Ein-Kilometer-Kreisfluges im französischen Issy-les-Moulineaux am 13. Januar 1908.

erübrigte sich die Tätigkeit einer konkurrierenden Gesellschaft. Die DELAG hatte auch im Sinn, einen Passagierliniendienst anzubieten und baute dazu einige Luftschiffhallen und Landeplätze. Ein regelmäßiger Liniendienst kam zwar nicht zustande, jedoch beförderte die DELAG auf fast 1600 Fahrten bis zum Ausbruch des Ersten Weltkrieges innerhalb Deutschlands rund 34 000 Personen und unzählige Postsendungen. Die Luftschifffahrt war in jenen Tagen allgegenwärtig.

1909 erschien im Gustav Eyb Kunstverlag das Plakat »Die Pioniere der Luftschifffahrt«. Moedebeck stellte für das Plakat 39 Personen zusammen, die sich seiner Ansicht nach um die Luftschifffahrt verdient gemacht hatten. Im Laufe des Jahres 1910 sollte er als Fortführung das Plakat »Die Pioniere der Flugschiffahrt« entwerfen. Doch dazu, wie zu vielen anderen seiner Vorhaben, ist es aufgrund seines frühen Todes nicht mehr gekommen. Moedebeck war nicht nur als Luftschiffer bekannt, sondern galt auch als Fachmann für Flugapparate nach dem Prinzip »Schwerer als Luft«. Anfang 1910 erhielt er das Angebot, Aufsichtsrat

Plakat »Die Pioniere der Luftschiffahrt«, von Moedebeck erstellt und 1909 erschienen. In seinem nachvollziehbaren Selbstverständnis platzierte er sein Porträt neben den Porträts der drei prominentesten Förderer der Luftschifffahrt Albert I. von Monaco, Kaiser Wilhelm II. und der König von Württemberg Wilhelm II. (v. r. n. l.).

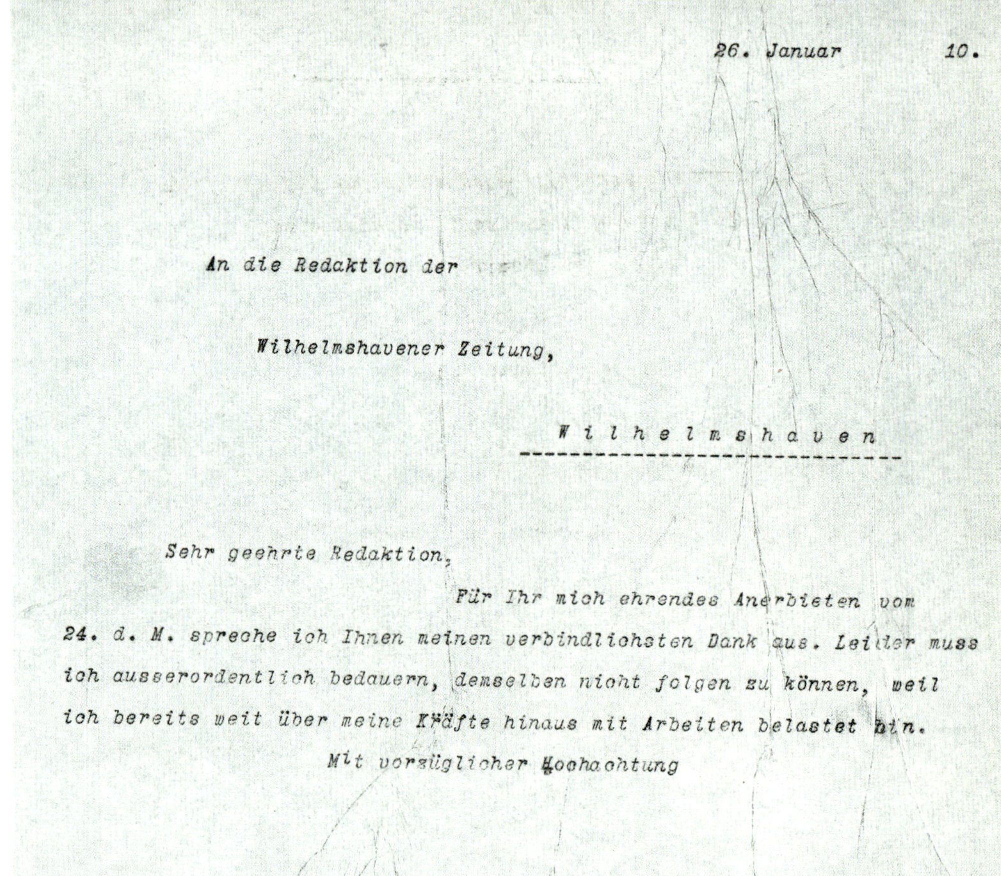

26. Januar 10.

An die Redaktion der

Wilhelmshavener Zeitung,

W i l h e l m s h a v e n

Sehr geehrte Redaktion,

Für Ihr mich ehrendes Anerbieten vom 24. d. M. spreche ich Ihnen meinen verbindlichsten Dank aus. Leider muss ich ausserordentlich bedauern, demselben nicht folgen zu können, weil ich bereits weit über meine Kräfte hinaus mit Arbeiten belastet bin.

Mit vorzüglicher Hochachtung

Absage Moedebecks an die Wilhelmshavener Zeitung, einen Artikel über die Luftschiffahrt zu schreiben.

und technischer Beirat bei der Rumpler Luftfahrzeugbau GmbH zu werden. Moedebeck sollte seine Erfahrungen auf dem Gebiet der Flugtechnik sowie seine Kontakte einbringen, damit Edmund Rumplers Unternehmen in Deutschland die führende Rolle auf dem Gebiet einnehmen könnte. Moedebeck sagte zu. Er schlug vor, dass Rumpler auch Ballone und Luftschiffe bauen sollte. Doch auch dieses Projekt kam nicht mehr zustande.

Im Verlauf des Jahres 1909 erschien seine letzte Publikation »Fliegende Menschen! – Das Ringen um die Beherrschung der Luft mittels Flugmaschinen« im Berliner Verlag Otto Salle. Sein Honorar belief sich auf 1000 Mark für jede Auflage sowie 25 Freiexemplare. Für von ihm verfasste Artikel vereinbarte er im Übrigen stets ein festes Honorar von 50 Mark, unabhängig von der Länge. Ein Zeilenhonorar verlangte er erst, wenn ein Artikel 100 Druckseiten überschritt. Jedoch wurden nicht alle seine Artikel gedruckt. Er erhielt auch immer wieder Absagen.

Moedebecks ehemaliger Luftschiffer-Kommandant Buchholtz schrieb bereits im November 1908: »Sie gehören auch zu den Menschen, die […] immer mehrere Eisen gleichzeitig im Feuer haben müssen. Ich kann mir deshalb denken, daß Ihre Zeit übermäßig in Anspruch genommen ist.«

Obwohl inzwischen Privatier, nahm Moedebecks Arbeitsbelastung offenbar weiter zu. In einem Brief vom 4. Dezember 1909 sagte er eine an ihn herangetragene Mitarbeit in einem technischen Ausschuss mit der Begründung ab, dass er Zeitmangel habe und überlastet sei. Vielleicht deutete sich hier bei ihm schon eine Erschöpfung an, die ihn anfälliger für mögliche Infekte machte.

Eine herbe Enttäuschung erlebte Moedebeck im Rahmen der Gründung einer Flugplatzgesellschaft in Berlin. Wie bereits erwähnt, war die Zeit von circa 1907 bis zum Ersten Weltkrieg für die Luftfahrt eine aufregende Etappe. Neben der Zeppelin-Euphorie spiegelten die aufkommenden Flugapparate die Begeisterung jener Zeit für das neue Faszinosum Fliegen wider. Städte in ganz Europa versuchten, sich gegenseitig mit Flugwettbewerben zu überbieten. So war es selbstverständlich, dass auch die Reichshauptstadt Berlin solche Art von Wettbewerben austragen wollte. Dafür wurde ein Flugplatz mit dazugehöriger Organisation benötigt. Anfang 1909 konkretisierten sich die Vorstellungen und es gab Denkschriften und Gutachten, ob, wie und wo ein Flugplatz eingerichtet werden soll. Für die Gutachen wur-

M. DUMONT SCHAUBERG
KÖLNISCHE ZEITUNG

Köln, den 21. Oktober 1909.

P.

Sehr geehrter Herr !

Wir können uns nicht dazu verstehen, Jhren Aufsatz abzudrucken, weil wir der Meinung sind, dass gerade in dem jetzigen Anfangsstadium die geldlishen Lockungen erheblich zur Vervollkommnung der Flugsysteme beitragen werden. Diese Akrobatenmanier, wie Sie es nennen, wird dann mit der Zeit von selbst verschwinden, sobald der Sport soweit entwickelt ist, dass weitere Kreise sich ihm widmen können.

Mit dem Ausdruck vollkommener Hochachtung !

Die Redaktion der Kölnischen Zeitung.

Herrn Oberstleutnant z. D. Moedebeck
Hochwohlgeboren
Berlin W. 30. Martin-Lutherstrasse 86.

Absage der Kölnischen Zeitung, die Moedebecks Artikel »Aviaten oder Akrobaten?« nicht abdrucken will, weil er dort den meisten Flugpionieren vorwirft, nur für viel Geld vor Publikum zu fliegen, was er nicht unter »gentleman like« oder »noblen Sportsmen« versteht. Schuld daran gibt er auch der Sensationssucht des Publikums.

DEUTSCHER
LUFTSCHIFFER-VERBAND.
GESCHÄFTSSTELLE.

FERNSPRECH-AMT: I, 1481.
TELEGRAMM-ADRESSE: LUFTSCHIFF, BERLIN.

BERLIN W. 9,
VOSSSTR. 21.

26. Januar 1910.

An die
Herren Mitglieder des Vorstandes des
DEUTSCHEN LUFTSCHIFFER-VERBANDES.

Die Herren Jngenieure Hans G r a d e in Magdeburg und August E u l e r in Frankfurt a.M. sind bei der Motorflug-Kommission um Ausstellung eines Flugzeug-Führerzeugnisses eingekommen. Nachdem die Kommission die Erteilung dieses Zeugnisses gebilligt hat, bitte ich die Herren Vorstandsmitglieder auf Grund der erlassenen Bestimmungen (J.A.M. 1909, Heft 26, Seite IV) ergebenst um ihre Zustimmung. Da beide Herren sich schon in allernächster Zeit an öffentlichen Wettbewerben beteiligen wollen, so bitte ich diejenigen Herren Vorstandsmitglieder, welche gegen die Erteilung dieses Zeugnisses sind, ihre Einwendungen gefälligst bis zum 1.Februar ds.Jrs. hierher mitteilen zu wollen. Erfolgt auf dieses Schreiben keine Antwort, so fasse ich dies als Zustimmung für die Erteilung der Führerzeugnisse auf.

Mit vorzüglicher Hochachtung !
Der Vorsitzende :

gez. B u s l e y .

In dem Schreiben werden die Vorstandsmitglieder des Deutschen Luftschiffer-Verbandes um Zustimmung gebeten, August Euler und Hans Grade einen Flugzeugführerschein auszuhändigen. Euler legte die von der Fédération Aéronautique Internationale vorgeschriebene Prüfung am 31. Dezember 1909 ab und erhielt am 1. Februar 1910 den Flugzeugführerschein Nr. 1. Grade bekam am selben Tag den Flugzeugführerschein Nr. 2.

den »Die ersten Autoritäten unter den Deutschen Luftschiffern« angefragt. Dazu gehörte neben Hildebrandt und von Tschudi auch Moedebeck. Für das Projekt gab es anfangs unterschiedliche Namen, wie zum Beispiel Deutsche Aerodrom-Gesellschaft oder Deutsche Luftpark-Gesellschaft. Die treibenen Kräfte waren der Unternehmer Arthur Müller, Kapitän zur See a. D. Eduard von Pustau und Georg von Tschudi. Im Mai 1909 kam es zur Gründung einer Vorbereitungs-Gesellschaft. Moedebeck, der der Flugplatzkommission angehörte, reiste in deren Auftrag nach Frankreich und Italien. Dort fanden Ende August in Bétheny bei Reims und im September in Brescia die ersten internationalen Flugschauen statt. Über die Flugschau in Brescia verfasste im Übrigen Franz Kafka einen lesenswerten Bericht. Moedebeck jedenfalls sollte die Lage sondieren, die dortigen Flugplätze erkunden und seine Erfahrungen dann in das Berliner Projekt einfließen lassen. Am 21. Juli erfolgte schließlich – ohne Moedebecks Wissen – die Gründung der Gesellschaft, die letztlich den Namen trug: Deutsche Flugplatz-Gesellschaft GmbH. Ende Juli kam es zu Spannungen zwischen Moedebeck und den anderen Akteuren. Moedebeck war offenbar enttäuscht und verärgert darüber, dass er von der Gesellschaftsgründung nicht sofort erfahren hatte, dass ihm »die Entwicklung der Gesellschaft verschwiegen« worden war. Er fühlte sich übergangen. Eduard von Pustau versuchte in einem Einschreiben an Moedebeck die Zusammenhänge zu erklären. Moedebeck sei, wie viele andere auch, zwar engagiert gewesen, habe aber bei der Vorbereitung der Gründung der Flugplatzgesellschaft nicht zum engen Kreis der vier Hauptakteure gehört (dies waren von Tschudi, Eschenbach, Müller, von Pustau). Eine Einladung vom 11. September 1909 zu einer Sitzung eben jener Deutschen Flugplatz-Gesellschaft, in der Moedebeck die freiwillige Mitarbeit angeboten wurde, sagte er mit der Begründung ab: »Im Verlauf dieser Entwicklung sind aber Verhältnisse eingetreten, welche mir die weitere Mitarbeiterschaft verbieten.« Letztendlich wurde zwischen Adlershof und Johannisthal ein Flugfeld errichtet. Eingeweiht wurde der Platz am 26. September 1909 mit dem Start der ersten deutschen und weltweit dritten internationalen Flugwoche. Obwohl die Veranstalter zu der Berliner Flugwoche circa 150 000 zahlende Besucher zählten, blieb die Veranstaltung finanziell defizitär. Gleichwohl entwickelte sich der Flugplatz bis zum Ersten Weltkrieg als das Zentrum für Luftfahrt in Deutschland. Moedebeck selbst wohnte der Flugwoche aus »persönlichen Gründen« nicht bei.

27. Januar 10.

Herrn

Geh. Reg. Rat Busley,

Deutscher Luftschiffer Verband.

W. 9.

Vossstr. 21.

Sehr geehrter Herr Geheimrat,

Wenn die Motorflugkommission welche als unser technischer Beirat eine gewisse Verantwortung zu übernehmen hat, der Er eilung der Flugzeugführer Zeugnisse bei Herrn Ing. Grade und Herrn Euler zugestimmt hat, so [illegible] auch meinerseits nichts dagegen einzuwenden. Bemerken möchte ich allerdings, dass ich der Ansicht bin, dass wir in Zukunft Praktiker wie z. B. Herrn Ing. Grade in unsere Motorflugkommission hineinbringen müssen, und die Bestallung dann von einer praktischen Vorführung abhängig machen. Diese Forderung wird besonders dringend, sobald die Führerqualifikation gleichzeitig mit der Erlaubnis verbunden ist, auch andere Personen im Flugzeuge mitzunehmen. Ich möchte diese Anträge zur Beratuhg auf die Tagesordnung des diesjährigen Luftschiffertages in Dresden. bringen.

Mit hochachtungsvoller Begrüssung

Ihr ergebener

31a/16

Moedebeck stimmte der Vergabe der Flugzeugführerscheine für Euler und Grade zu. Gleichzeitig regte er an, dass im Hinblick auf mögliche Mitnahme von Passagieren die Vergabe zukünftig mit einer »praktischen Vorführung« verbunden sein soll.

In einem seiner letzten Projekte befasste Moedebeck sich mit der geplanten Herausgabe einer Internationalen Bibliothek für Luftschiffer. Sie sollte den Titel »Internationale Luftschiffer Schule« tragen und gleichzeitig auf Deutsch, Französisch und Englisch erscheinen. Hierfür warb er in seiner engagierten Art weltweit um Autoren und

Plakat für die Weltausstellung in Brüssel 1910. Moedebeck war verantwortlich für den deutschen Ausstellungsteil »Luftschiffahrt« im Rahmen der Klassifikationsgruppe »Zivilingenieurwissenschaft – Transportmittel«.

suchte nach Verlagen. Einer der angeschriebenen Verleger fragte in einem Brief bei Moedebeck nach, ob ihm die zunehmenden luftfahrtspezifischen Publikationen keine Sorgen bereiten würden. Darauf antwortet Moedebeck am 11. Januar 1910 selbstbewusst, dass ihm als Herausgeber der Illustrierten Aeronautischen Mitteilungen »die wie Pilze aus der Erde wachsenden Konkurrenzen vollständig gleichgültig [seien]. Ich sage im Gegenteil, je mehr um so besser«.

Am 19. Februar sagte Moedebeck noch seine Mitarbeit bei einem Komitee zu, das für den 1896 verunglückten Gleitflugpionier Otto Lilienthal ein Denkmal plante. Das Denkmal wurde am 17. Juni 1914 in Berlin-Lichterfelde eingeweiht. Unter den Ehrengästen war auch die Witwe Ella Moedebeck.

Sein letztes großes Projekt, dass er anging, war die Einrichtung der aeronautischen Luftschiffer-Abteilung auf der Weltausstellung 1910 in Brüssel. Dort sollte er eng mit dem für den deutschen Teil zuständigen Reichskommissar Heinrich Albert zusammenarbeiten. Im Nachgang der Ausstellung hoffte Moedebeck, eine Anstellung im Staatsdienst zu erhalten. Zu den Beweggründen ist nichts überliefert; vermutlich versprach er sich von einer Anstellung finanzielle Sicherheit für sich und seine Familie.

Die Vorbereitungen für seine Aufgabe in Brüssel waren bereits in vollem Gange. So hatte er schon zur Untermiete eine kleine Zwei-Zimmer-Wohnung im Bezirk Solbosch in der Nähe des Ausstellungsgeländes angemietet. Im Januar war Moedebeck noch in Wien, wo er einen Vortrag hielt. Für Mitte März waren Vorträge in Aachen und im belgischen Eupen geplant.

Aus einer Influenza, die Mitte Februar bei ihm ausbrach, entwickelte sich jedoch eine schwere Lungen- und Bauchfellentzündung. Seine Sekretärin schrieb am 28. Februar dem Präsidenten des Deutschen Comités der Weltausstellung, dass Hermann Moedebeck »seit 8 Tagen sehr schwer erkrankt ist« und dass sich seine Abreise nach Brüssel daher voraussichtlich um einen Monat verschieben werde.

Moedebecks Grabmal, einen Obelisken, zierte ein Auszug aus dem Psalm 90:10: »Und wenn es köstlich gewesen ist [gemeint ist ein erfülltes Leben], so ist es Mühe und Arbeit gewesen«, der bezeichnend für sein Leben war.

Doch der unermüdliche Moedebeck musste stattdessen viel zu früh seine letzte Reise antreten. Völlig unerwartet verstarb Moedebeck 52-jährig am 1. März 1910, an dem Tag, an dem er ursprünglich nach Brüssel aufbrechen wollte. Die Trauerfeier fand am 4. März in der evangelischen Invalidenhauskirche in Berlin statt. Die Beisetzung erfolgte auf dem Invalidenkirchhof. Heutige Besucher können sein Grab nicht mehr aufsuchen. Aufgrund der Zerstörungen des Zweiten Weltkrieges und wegen des Baus der Berliner Maueranlagen ist sein Grabmal nicht erhalten geblieben.

Sehr verehrte gnädige Frau!

Bei meiner Rückkehr von einer mehrtägigen Abwesenheit finde ich die Mitteilung vom Hingange des von mir hochverehrten Mannes vor, mit dem ich kurz zuvor noch einige Briefe ausgetauscht hatte. Tief erschüttert vernehme ich die ganz

unfaßbare Botschaft! Indem ich bitte, Ihnen die Versicherung meiner innigsten Teilnahme geben zu dürfen, spreche ich zugleich die Hoffnung aus, daß Sie in sich die Kraft finden möchten, den schweren Schlag zu verwinden.

Friedrichshafen
5. III. 10.

Dr. H. Eckener

Beispiele für die unzähligen Kondolenzbriefe, die Ella und ihre beiden Kinder erhielten.

E. RUMPLER
JNGENIEUR

BERLIN N. 2/3 10.
REINICKENDORFERSTR. 113.

Hochwohlgeboren
Frau Oberstleutnant Moedebeck
Berlin

Hochgeehrte gnädige Frau!

Gestatten Sie, daß ich Ihnen im eigenen und im Namen meiner Firma das aufrichtigste innigste Beileid zu dem Verluste ausspreche, der Sie betroffen hat.

Seit Jahren hatte ich Gelegenheit durch persönlichen und geschäftlichen Verkehr, die hohen Vorzüge des zu früh dahingegangenen Mannes zu kennen. Namentlich in den letzten 14 Wochen, gelegentlich des Entschlusses des Herrn Oberstleutnants die Wahl als Aufsichtsrat meiner Gesellschaft anzunehmen, hatte ich wieder den Vorzug und das Vergnügen mündlich mit Herrn Oberstleutnant zusammen

/.

PROF. DR. ADOLF MARCUSE
TEL. 266.

3. März 10.

BERLIN-LICHTERFELDE-OST
WILHELMSTR. 5.

Sehr verehrte, gnädige Frau!

Das jähe Hinscheiden Ihres Herrn Gemahls hat auch mich auf das tiefste erschüttert, da ich ihn aufrichtig verehrte und als unermüdlichen Pionier der Luftschiffahrt hochschätzte. Aber der Verlust, den mit Ihnen wir alle erlitten haben, ist nicht nur ein persönlicher, sondern auch die Sache der Aeronautik selbst hat in dem Dahingeschiedenen einen ihrer eifrigsten und unermüdlichsten Förderer verloren.

In aufrichtigem Beileid
Ihr hochachtungsvoll
ergebener

A. Marcuse

Esplanade-Hotel

Neuer moderner Prachtbau am Schauspielhaus und der Promenade, Ecke Kaiserstrasse, 3 Minuten vom Hauptbahnhof.

Frankfurt a/M.

Telegramm-Adresse: ESPLANADE FRANKFURTMAIN. TELEFON No 4157.
Ruhigste, vornehmste und gesündeste Lage der Stadt. ELEGANTES RESTAURANT mit Garten-Terrasse im Freien.

ADOLF MÜLLER Eigentümer.

Comfortable grosse, LUFTIGE und RUHIGE ZIMMER, FREIE LAGE, mit Bad und Toilette. KLEINE und GROSSE ELEGANTE SALONS. Complette abgeschlossene Familien-Wohnungen. Grosser internationaler Automobil-Verkehr. GARAGE.

den 20. III 1910.

Hochverehrte gnädige Frau!

Aus vielen Zeitungen ersehe ich die Todesnachricht über Ihren von uns allen hochgeschätzten, unvergeßlichen Mann. Gestatten Sie mir, Ihnen noch nachträglich mein aufrichtiges Beileid auszudrücken. Hoffentlich gelingt es, einen würdigen und ebenbürtigen zu finden, der Ihres Mannes Werke in seinem Sinne fortsetzt.

In ausgezeichneter Hochachtung
Ihr sehr ergebener
Joh. Schütte.

München, 5. März 1910.
Franz Josefstr. 6 III

Hochgeehrte Frau Oberstleutnant!

Anläßlich des Ablebens Ihres Herrn Gemahls sage ich Ihnen mein tiefgefühltes Beileid. Durch lange Jahre haben ihn und mich gemeinsame Interessen verknüpft und es wird mir schwer fallen in Zukunft seinen Rat in wichtigen Dingen entbehren zu müssen. Die Luftschiffahrt hat keinen mehr begeisterten und sicherlich keinen uneigennützigeren Vertreter gehabt als ihn. Das wird die Allgemeinheit bald ebensosehr empfinden wie die ihm näher Gestandenen. Mit der Trauer über den Heimgegangenen wird sich die steigende Wertschätzung seiner Verdienste verbinden und Ihnen ein Trost im Leide sein.

Ergebenst:
Prof. Dr. S. Finsterwalder

Breslau, 2/3 10.

Hochverehrte gnädige Frau!

Tief erschüttert durch die Trauerbotschaft gestatte ich mir, Ihnen die Versicherung meines aufrichtigsten Beileids auszusprechen. Möchte es Ihnen etwas Trost gewähren, dass das Andenken Ihres hochverdienten & allbeliebten Mannes bei allen Luftschiffern treu bewahrt werden & niemals untergehen wird.

Mit der Versicherung grösster Verehrung
Ihr ganz ergebenster
R. Abegg.

EPILOG

Hermann Moedebeck war ein intelligenter Mann voller Elan, er sprühte vor Ideen und Plänen, begeisterte sich für alles, was mit der Entwicklung der Luftfahrt in Verbindung stand. Er war Mitbegründer und Mitglied verschiedener Institutionen, Verbände und Vereine, die sich mit Luftfahrt beschäftigten. Daneben bekleidete er unterschiedliche Ehrenämter.

Auch seine vielfältige publizistische Tätigkeit war ein wichtiger Teil seines Lebens. Neben unzähligen Artikeln verfasste Moedebeck mehrere Fachbücher und war Gründer und lebenslang Herausgeber der Illustrierten Aeronautischen Mitteilungen.

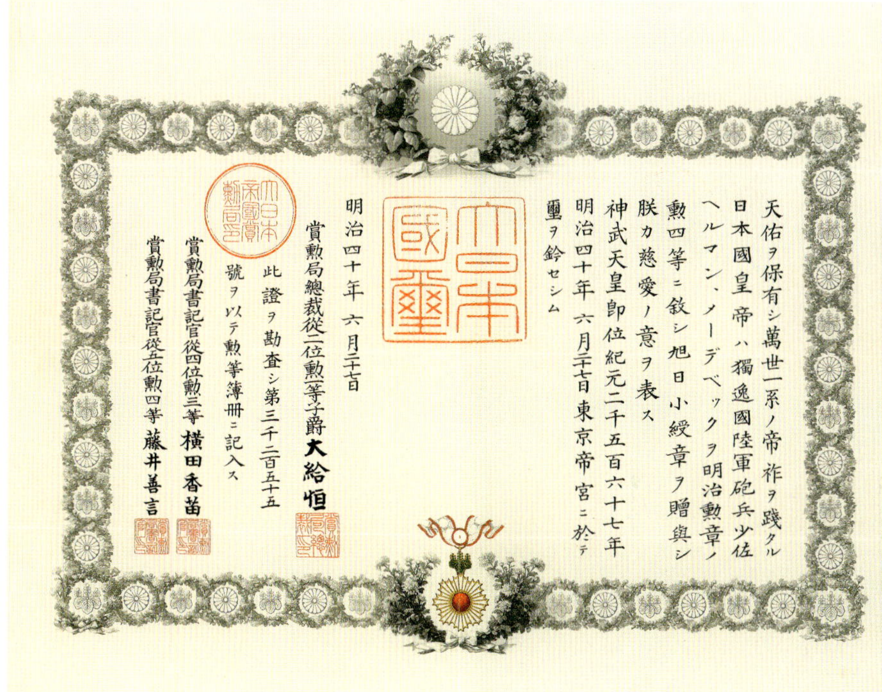

天佑ヲ保有シ萬世一系ノ帝祚ヲ踐タル
日本國皇帝ハ獨逸國陸軍砲兵少佐
ヘルマン、メーデベックヲ明治勳章ノ
勳四等ニ敍シ旭日小綬章ヲ贈與シ
朕カ慈愛ノ意ヲ表ス
神武天皇卽位紀元二千五百六十七年
明治四十年六月二十七日東京帝宮ニ於テ
璽ヲ鈐セシム

明治四十年六月二十七日
賞勳局總裁從二位勳一等子爵大給恒
此證ヲ勘査シ第三千二百五十五
號ヲ以テ勳等簿冊ニ記入ス
賞勳局書記官從四位勳三等横田香苗
賞勳局書記官從五位勳四等藤井善言

Urkunde für den Kleinen Orden der Aufgehenden Sonne mit Rosette, der Moedebeck im Juni 1907 für hervorragende Dienste und den Beitrag zur Entwicklung der Beschuss-Technologie der japanischen Armee verliehen wurde. Der Orden wurde 1875 als erster Orden Japans gestiftet.

Durch seine Präsenz in den verschiedenen luftfahrtbezogenen Institutionen, Verbänden und Vereinen hat Moedebeck federführend an der Entwicklung der Luftfahrt, vor allem in Deutschland, mitgewirkt. Im Laufe seines Lebens wurden Moedebeck mehrere Auszeichnungen und Orden verliehen. So erhielt er 1888 das Ritterkreuz des Franz-Josef Ordens, 1899 den Rothen Adler-Orden 4. Klasse, 1903 das Dienstauszeichungskreuz für 25-jährige Dienstzeit, 1905 das Ritterkreuz des russischen Ordens des Heiligen Stanislaus 2. Klasse, 1906 das Ritterkreuz des Ordens der Württembergischen Krone, 1907 den japanischen Kleinen Orden der Aufgehenden Sonne mit Rosette sowie 1908 den preussischen Königlichen Kronen-Orden 3. Klasse.

Moedebeck verkörpert das Bild des Bildungsbürgers par exellence. Neben einer umfassenden allgemeinen Bildung beherrschte Moedebeck mehrere Fremdsprachen, unternahm Auslandsreisen, pflegte weltweite Kontakte, war kunstsinnig und hatte einen feinen Sinn für Humor. Sein Lebensmotto lautete »Ruhe & Selbstbewusstsein«, wie er in einem Brief vom 18. April 1907 an seinen Vetter Dr. Carl Schleiffarth in St. Louis, USA, schrieb.

Moedebeck würden wir heute als perfekten Netzwerker bezeichnen. Er kommunizierte mit bemerkenswert vielen Persönlichkeiten aus Wissenschaft, Wirtschaft, Poltik und Militär, nicht nur aus Deutschland, sondern aus der ganzen Welt.

Woher bezog Moedebeck zeitnah all seine vielfältigen Informationen? Briefe waren seinerzeit das wichtigste Mittel, um mit Freunden sowie geschäftlichen und wissenschaftlichen Partnern in Deutschland, Europa und der ganzen Welt zu kommunizieren. Als erfolgreicher Netzwerker verfasste Moedebeck oft mehrere Briefe am Tag. Aus heutiger Sicht ist neben der Masse der geschriebenen und erhaltenen Briefe die Schnelligkeit, mit der die Post damals zugestellt wurde, erstaunlich.

Die Postzustellung fand in den Städten mehrmals täglich statt. Um 1900 soll die Häufigkeit der Zustellung in 47 deutschen Großstädten bei sechsmal am Tag gelegen haben, in Berlin sogar bei achtmal.

Seine Briefwechsel zeigen, welche Themen ihn besonders bewegten und wie weit seine Kontakte reichten. Sein Kontaktnetz durchzog ganz Deutschland und spannte sich unter anderem über Frankreich, Österreich-Ungarn, Spanien, die Schweiz, Großbritannien, Dänemark, Italien, Belgien, die Niederlande, Schweden, Rumänien, Monaco, Russland, die USA, Indien, Japan sowie Australien.

Viele Jahre nach Moedebecks Tod begegnete dessen Witwe Ella auf einem Fest dem bedeutenden deutschen Luftfahrtingenieur und Unternehmer Hugo Junkers. Nachdem dieser sich vorstellen ließ, soll er gesagt haben: »Ich habe immer bedauert, Ihren H.[errn] Gemahl nicht gekannt zu haben.« Vielleicht, lieber Leser, geht es Ihnen genauso wie Hugo Junkers und wie dem Autor dieser Publikation, und auch Sie hätten Hermann Moedebeck sehr gerne einmal getroffen, um sich mit ihm über die Entwicklung der Luftfahrt, die Besonderheiten seiner Zeit oder auch über Persönliches zu unterhalten.

Medaille, Frankreich, anlässlich eines durch Spenden finanzierten Ballonexperiments der Brüder Montgolfier. Auf der Vorderseite sind die Brüder Montgolfier zu sehen. Auf der Rückseite der Ballon über dem Champ de Mars am 27. August 1783.

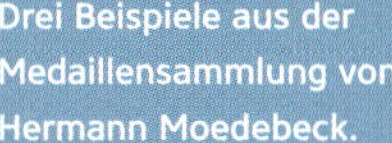

Drei Beispiele aus der Medaillensammlung von Hermann Moedebeck.

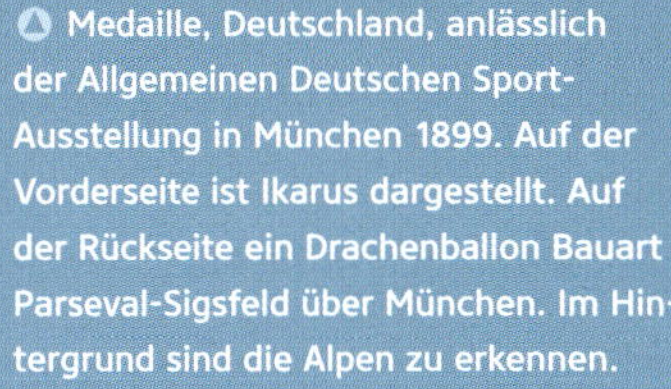

Medaille, Deutschland, anlässlich der Allgemeinen Deutschen Sport-Ausstellung in München 1899. Auf der Vorderseite ist Ikarus dargestellt. Auf der Rückseite ein Drachenballon Bauart Parseval-Sigsfeld über München. Im Hintergrund sind die Alpen zu erkennen.

Medaille, Frankreich, anlässlich der Belagerung von Paris 1870/71. Auf der Vorderseite ist die Verkörperung von Paris mit übergehängtem Militärmantel, an dem ein Ritterkreuz der Französischen Ehrenlegion hängt und einem Gewehr in den Armen zu sehen. Sie steht vor einem Geschütz, im Hintergrund schwebt ein Ballon. Darüber hinaus sind die Basilika Sacré-Cœur de Montmartre sowie der Invalidendom zu sehen. Auf der Rückseite ist ein Gedenkstein abgebildet, und es sind die Pariser Vororte erwähnt, in denen um die Stadt gekämpft wurde.

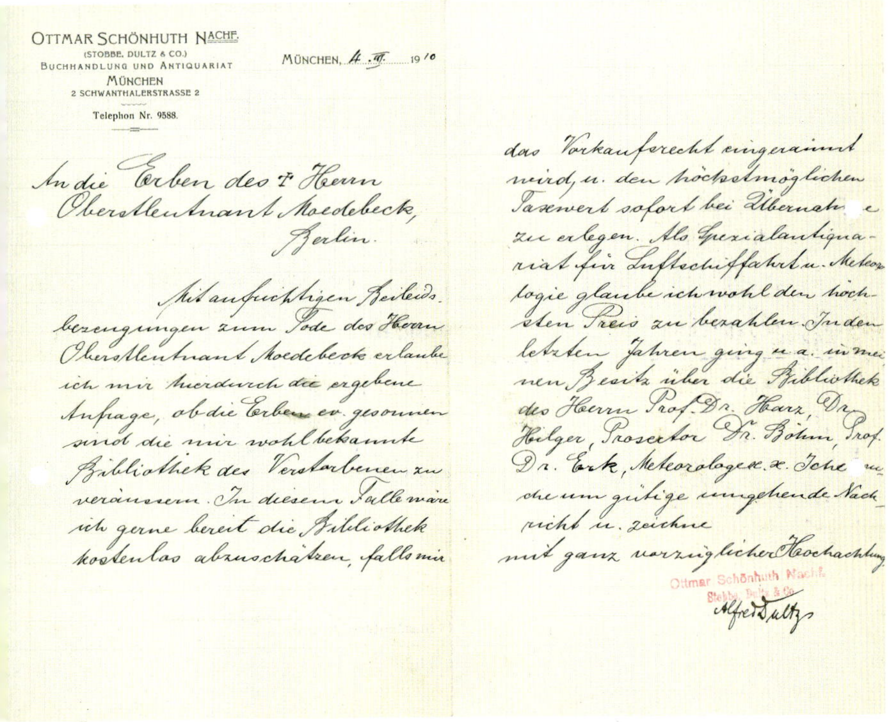

Ottmar Schönhuth Nachf.
(Stobbe, Dultz & Co.)
Buchhandlung und Antiquariat
München
2 Schwanthalerstrasse 2
Telephon Nr. 9588.

München, 4. III. 1910

An die Erben des † Herrn Oberstleutnant Moedebeck, Berlin.

Mit aufrichtigen Beileidsbezeugungen zum Tode des Herrn Oberstleutnant Moedebeck erlaube ich mir hierdurch die ergebene Anfrage, ob die Erben ev. gesonnen sind die mir wohlbekannte Bibliothek des Verstorbenen zu veräussern. In diesem Falle wäre ich gerne bereit die Bibliothek kostenlos abzuschätzen, falls mir das Vorkaufsrecht eingeräumt wird, u. den höchstmöglichen Taxwert sofort bei Übernahme zu erlegen. Als Spezialantiquariat für Luftschiffahrt u. Meteorologie glaube ich wohl den höchsten Preis zu bezahlen. In den letzten Jahren ging u. a. in meinen Besitz über die Bibliothek des Herrn Prof. Dr. Harz, Dr. Hilger, Prosector Dr. Böhm, Prof. Dr. Erk, Meteorologe x. x. Ich ersuche um gütige umgehende Nachricht u. zeichne

mit ganz vorzüglicher Hochachtung

Ottmar Schönhuth Nachf.
Stobbe, Dultz & Co.
Alfred Dultz

Bereits wenige Tage nach Moedebecks Tod meldeten sich erste Kaufinteressenten für seine Fachbibliothek.

Was ist aus Moedebecks Nachlass geworden? Wie weithin bekannt, breit aufgestellt und wertvoll sein Nachlass war, zeigte sich bereits kurz nach seinem Tod. Bereits drei Tage später, am 4. März, bekundeten zwei Antiquariate der Witwe Kaufinteresse an seiner Bibliothek.

Ella Moedebeck hat nach dem Tod ihres Mannes zusammen mit ihren beiden Kindern über den Nachlass gewacht. Gelegentlich verlieh sie für Ausstellungen Dokumente oder Objekte oder verkaufte das ein oder andere. Den größten Teil der Sammlung übergab sie bzw. ihre Tochter allerdings an drei Institutionen.

Moedebecks Fachbibliothek wurde Ende 1911 vom damaligen Kaiserlichen Aero-Club für 12 000 Mark erworben, nachdem Kaufverhandlungen mit dem Deutschen Museum gescheitert waren.

Ab 1926 bildete die Fachbiliothek zusammen mit den Bücherbeständen des Aero-Clubs von Deutschland, des Berliner Vereins für Luftschiffahrt und der Wissenschaftlichen Gesellschaft für Luftschifffahrt den Grundstock der Zentralbücherei der Deutschen Luftfahrt. Anlässlich des 20. Todestages von Moedebeck 1930 wurde die Zentralbücherei in »Moedebeck-Bibliothek« umbenannt. Im Juli 1933 ist die Zentralbücherei in den Besitz des Reichsluftfahrtministeriums

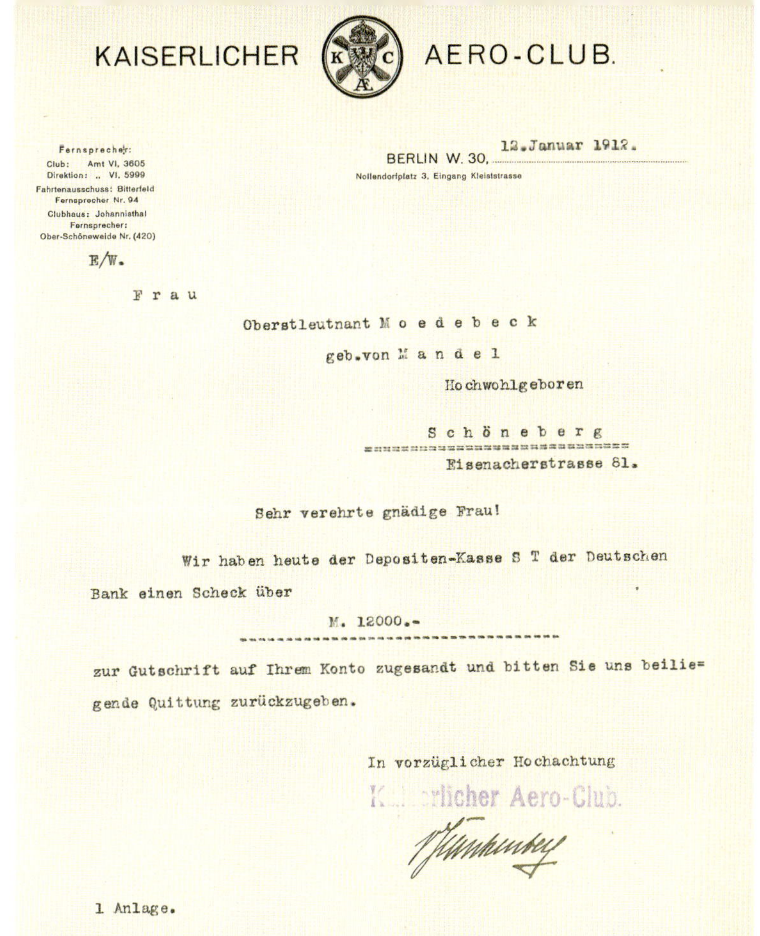

KAISERLICHER AERO-CLUB.

Fernsprecher:
Club: Amt VI, 3605
Direktion: „ VI, 5999
Fahrtenausschuss: Bitterfeld
Fernsprecher Nr. 94
Clubhaus: Johannisthal
Fernsprecher:
Ober-Schöneweide Nr. (420)

BERLIN W. 30, 12. Januar 1912.
Nollendorfplatz 3, Eingang Kleiststrasse

E/W.

Frau

Oberstleutnant M o e d e b e c k

geb. von M a n d e l

Hochwohlgeboren

S c h ö n e b e r g

Eisenacherstrasse 81.

Sehr verehrte gnädige Frau!

Wir haben heute der Depositen-Kasse S T der Deutschen Bank einen Scheck über

M. 12000.-

zur Gutschrift auf Ihrem Konto zugesandt und bitten Sie uns beiliegende Quittung zurückzugeben.

In vorzüglicher Hochachtung

K... rlicher Aero-Club.

1 Anlage.

Bestätigung der Überweisung des Kaufbetrages von 12 000 Mark für Moedebecks Fachbibliothek an die Witwe.

übergegangen. 1945 verliert sich ihre Spur. Laut Unterlagen von Dr. Ingo Kolasa gehörte die Bibliothek des Reichsluftfahrtministeriums zu den zwingend in die Sowjetunion zu überführenden Bibliotheken. Ob dies 1945/46 geschehen ist oder ob die Bibliothek Kriegsverlust ist, das konnte bisher nicht eindeutig geklärt werden.

Moedebecks Medaillensammlung befindet sich seit 1969 im Münzkabinett der Staatlichen Kunstsammlungen Dresden.

Sein schriftlicher Nachlass, aus dem die meisten Abbildungen dieses Buches stammen, befindet sich seit 1971 in der Sammlung des Verkehrsmuseums Dresden.

ANHANG

LITERATUR-VERZEICHNIS

Zeitschriften, Zeitungen

Illustrierte Aeronautische Mitteilungen. Deutsche Zeitschrift für Luftschiffahrt, Jg. 1897–1911

Kölnische Zeitung vom 22. Januar 1907

Nordwestdeutsche Zeitung vom 13. Oktober 1908

Wiener Luftschiffer-Zeitung Nr. 5 von Mai 1904

Literatur

Albrecht, Oskar: Hermann Moedebeck. Oberstleutnant »Vater« der Luftfahrtkartographie 1857–1910. In: Fachdienstliche Mitteilungen des Obersten Fachvorgesetzten des Militärgeographischen Dienstes, Bonn 1974.

Braunbeck, Gustav (Hg.): Braunbeck's Sportlexikon. Automobilismus Motorbootwesen Luftschiffahrt, Ausgabe 1911–1912, Berlin 1911.

Ders.: Braunbeck's Sportlexikon. Automobilismus Motorbootwesen Luftschiffahrt, Berlin 1910.

Die Königlich Preußische Luftschiffer-Abteilung Berlin 1884–1901, Berlin o. J.

Dieterle, Regina: Martha Fontane bei der Familie von Mandel, Referat, gehalten bei der Jahrestagung der Theodor-Fontane-Gesellschaft in Swinemünde, Mai 2000.

Haaland, Dorothea und Knäusel, Hans G. und Schmitt, Günter und Seifert, Jürgen: Leichter als Luft – Ballone und Luftschiffe, Bonn 1997 (= Die deutsche Luftfahrt. Buchreihe über die Entwicklungsgeschichte der deutschen Luftfahrttechnik, Bd. 26).

Hintze, Günter: Der Invalidenfriedhof in Berlin. Ein Ehrenhain preußisch-deutscher Geschichte, 4. Auflage, Berlin 1941.

Jany, Curt: Geschichte der Preußischen Armee vom 15. Jahrhundert bis 1914. 4. Bd. Die Königliche Preußische Armee und das Deutsche Reichsheer 1807 bis 1914, 2. ergänzte Auflage, Osnabrück 1967.

Lehmann, Klaus-Dieter und Kolasa, Ingo (Hg.): Die Trophäenkommissionen der Roten Armee. Eine Dokumentensammlung zur Verschleppung von Büchern aus deutschen Bibliotheken, Frankfurt a. M. 1996.

Liebmann, Louis und Wahl, Gustav: Katalog der Historischen Abteilung der Ersten Internationalen Luftschiffahrts-Ausstellung (ILA) zu Frankfurt a. M. 1909, Frankfurt a. M. 1912.

Militärisches Forschungsamt (Hg.): Deutsche Militärgeschichte in sechs Bänden. 1648–1939, Bd. 3, München 1983.

Ders.: Die Militärluftfahrt bis zum Beginn des Weltkrieges 1914, Textband, 2. Auflage, Frankfurt a. M. 1965.

Moedebeck, Ella: Erinnerungen an Selbsterlebtes, unveröffentlichtes Manuskript, 1937.

Moedebeck, Hermann W. L.: Die Luftschiffahrt. Ihre Vergangenheit und ihre Zukunft insbesondere das Luftschiff im Verkehr und im Kriege, Straßburg 1906 (Nachdruck Barsinghausen 2013).

Ders.: Aus meinem Luftschifferleben, unveröffentlichtes Manuskript, o. J.

Mückler, Jörg: Die Königlichen Preußischen Luftstreitkräfte 1884 bis 1918, Zweibrücken 2002.

Napp, Niklas: Die deutschen Luftstreitkräfte im Ersten Weltkrieg, Paderborn 2017.

Neugebauer, Karl Volker (Hg.): Grundkurs deutsche Militärgeschichte Bd. 1. Die Zeit bis 1914. Vom Kriegshaufen zum Massenheer, München 2006.

Ders.: Grundzüge der deutschen Militärgeschichte. Bd. 1. Historischer Überblick, Freiburg im Breisgau 1993.

Osterhammel, Jürgen: Die Verwandlung der Welt. Eine Geschichte des 19. Jahrhunderts, München 2011.

Penzel, Götz Ulrich: Als der Tod das Fliegen lernte. Die Luftfahrt in Europa vor Ausbruch des Ersten Weltkrieges. Begleitband zu der gleichnamigen Sonderausstellung im Verkehrsmuseum Dresden, Dresden 2015.

Rogg, Matthias: Kompass Militärgeschichte. Ein historischer Überblick für Einsteiger. Herausgegeben vom Zentrum für Militärgeschichte und Sozialwissenschaften der Bundeswehr, 3. durchgesehene Auflage, Potsdam 2017.

Supf, Peter: Das Buch der deutschen Fluggeschichte, Bd. 2, Stuttgart 1958.

Ders: Das Buch der deutschen Fluggeschichte, Bd. 1, Berlin 1935.

Schwipps, Werner: Schwerer als Luft. Die Frühzeit der Flugtechnik in Deutschland, Koblenz 1984 (= Die deutsche Luftfahrt. Buchreihe über die Entwicklungsgeschichte der deutschen Luftfahrttechnik, Bd. 8).

Tauber, Franz: Handbuch des Luft-Sports, Wien u. Pest u. Leipzig 1883.

Verordnung über das Heirathen der Militärpersonen des Preußischen Heeres und der Preußischen Landgendarmerie (Heiraths-Verordnung) vom 25. Mai 1902.

Wegner, Günter: Die Stellenbesetzung der aktiven Regimenter, Bataillone und Abteilungen von der Stiftung bzw. Aufstellung bis zum 26. August 1939, Bd. 1–4, Osnabrück 1993.

PERSONEN-REGISTER

BILDNACHWEIS

Alle Abbildungen aus dem Nachlass Hermann W. L. Moedebeck, Verkehrsgeschichtliche Dokumentation der Verkehrsmuseum Dresden gGmbH

außer:

S. 10, 13 o., S. 15, S. 35, S. 74 · Bibliothek Verkehrsgeschichtliche Dokumentation der Verkehrsmuseum Dresden gGmbH

S. 21, S. 41 · Verkehrsmuseum Dresden gGmbH, Fotograf Hans-Gerd Stock

S. 38, S. 40, S. 44 · Privatbesitz Familie von Mandel

S. 48–49 · Übersichtskarte: Sandstein Verlag

S. 103 · Landesarchiv Berlin, A Pr.Br. Rep. 107-01 Nr. 13, Bl. 107, Bild 67/930

S. 109 · Münzkabinett, Staatliche Kunstsammlungen Dresden

Wir haben uns intensiv bemüht, alle Inhaber von Abbildungsrechten ausfindig zu machen. Personen und Institutionen, die weitere Rechte an verwendeten Abbildungen beanspruchen, werden gebeten, sich nachträglich mit dem Herausgeber in Verbindung zu setzen.

DANKSAGUNGEN

Der Autor möchte sich bei folgenden Personen und Institutionen für Ihre Unterstützung bedanken:

Heiko Triesch (Deutsches Technikmuseum Berlin), Mathias Deinert (Deutsches Zentrum Kulturgutverluste), Dr. Regina Dehnel (Staatsbibliothek zu Berlin – Preußischer Kulturbesitz), Dr. Regina Dieterle, Lothar Penzel, Hans Joachim Jung und Prof. Dr. Christian Scheer (Förderverein Invalidenfriedhof e.V.), Reinhard Keimel (Österreichische Luftfahrt-Archiv e.V.), Jürgen Bleibler (Zeppelin Museum Friedrichshafen), Landesarchiv Berlin, Münzkabinett Staatliche Kunstsammlungen Dresden, Dr. Gerhard Bauer (Militärhistorische Museum der Bundeswehr), Dana Runge und Manja Preissler sowie Ulrike Krautz (Verkehrsmuseum Dresden gGmbH), dem Team vom Sandstein Verlag sowie allen weiteren Förderern dieser Publikation.

IMPRESSUM

Herausgeber
Verkehrsmuseum Dresden gGmbH

Autor
Götz Ulrich Penzel

Redaktion
Johanna Martinez, Sandstein Verlag

Lektorat
Kerstin Becker, Dresden

Gestaltung
Simone Antonia Deutsch, Sandstein Verlag

Satz und Reprografie
Katharina Stark, Jana Neumann,
Christian Werner, Sandstein Verlag

Druck und Verarbeitung
FINIDR s.r.o., Český Těšín

Schrift
Core Sans NR, Core Sans R, Core Serif N

Papier
Luxo Art Samt New 135g/m²

Die Deutsche Nationalbibliothek verzeichnet diese Publikation in der Deutschen Nationalbibliografie; detaillierte bibliografische Daten sind im Internet über http://dnb.dnb.de abrufbar.

www.sandstein-verlag.de
ISBN 978-3-95498-543-2

ALLGEMEINE
DEUTSCHE
SPORT-
AUSSTELLUNG
MÜNCHEN-1899
No. 337. C. Andelfinger & Cie., Kunstanstalt, München. (Officielle Karte No. 4.)
WO
300 mtr über München im Fesselballon aufgegeben.